普天之下・盡是好書

普天出版家族 Popular Press Family

淩雲文創 A-Plus Creative Company

不要讓自己的構想淪為空想

有好的想法，也要有聰明的做法

Have good ideas, but also have smart ways

宋時雨●編著

班哲明．富蘭克林曾說：

再如何偉大的構想，只是成功的百分之一，還有百分之九十九必須用行動去完成。

的確，縱使有了美好的想法，也要有聰明的做法，才能快速達成願望。
很多人失敗，往往就失敗在未曾思考如何實踐自己的構想，總以為自己的構想太過困難，太過天馬行空，根本就沒辦法成功。
要是一直抱持著這種「只敢想像卻不敢實踐」的負面想法，最後自然什麼事也做不成。
腦海中有了好的想法，就一定要思考如何採取行動，才能最有效、最快速達成自己的夢想。

【出版序】

有好的想法，也要有聰明的做法

●宋時雨

在腦力競賽的時代，一個人激發出多少腦力，付出多少代價，決定了他可以獲得多少財富，腦袋空空的人，當然沒辦法變富翁。

班哲明．富蘭克林曾說：「再如何偉大的構想，只是成功的百分之一，還有百分之九十九必須用行動去完成。」

縱使有了美好的想法，也要有聰明的做法，才能快速達成願望。很多人失敗，往往就失敗在未曾思考如何實踐自己的構想，總以爲自己的構想太過困難，太過天馬行空，根本就沒辦法成功。

要是一直抱持著這種「只敢想像卻不敢實踐」的負面想法，最後自然什麼事也做不成。

腦海中有了好的想法，就一定要思考如何採取行動，才能最有效、最快速達成自己的夢想。

你必須具備的智慧

一九九六年，約翰．馬登榮登澳洲雪梨市的首富，令人訝異的是，這個擁有上億元資產的年輕富翁，卻是從「馬糞」買賣中起家的。約翰．馬登之所以會選擇從事「馬糞」生意，說起來還有一段傳奇故事呢！

當馬登還在大學唸書的時候，有位教企業管理課程的老師，在講解經商之道時說：「怎樣才算是一個成功的商人呢？如果，他連馬糞都可以賣，而顧客也非常樂意購買的話，他就是一個成功者了。」

老師的這番話，深刻地印在馬登的腦海裡。大學畢業後，約翰．馬登到雪梨市郊的一個馬會工作，當他第一天上班，看到一車車被運到附近農村的馬糞以賤價出售時，他忽然想起了老師說過的那番話。

他開始認眞思考著：「賣馬糞到底能不能賺大錢呢？」

於是，他花了兩年的時間，潛心鑽研農業、土地和肥料……等等相關知識，還將馬糞拿到實驗室裡仔細分析研究，認眞地進行試驗。

後來，終於讓馬登發明出一種可行的方法。他將馬糞提煉加工成顆粒狀肥料，然後低價出售。

這些顆粒狀肥料不僅施用後的成效高，而且無臭無味，每包以三澳元的合理價格出售，農民們都非常樂於使用。

推廣了一年後，約翰．馬登在年度結算時，淨賺的金額連他自己也不敢相信。沒想到這些原本被人們賤賣的馬糞，經過他的重新製作包裝，竟然爲他帶來了一億美元的收入。

有好的想法 要有聰明的做法

在腦力競賽的時代，一個人激發出多少腦力，付出多少代價，決定了他可以獲得多少財富，腦袋空空的人，當然沒辦法變富翁。

置身知識經濟年代，僅僅擁有知識和想法是不夠的，還必須擁有行動力，無畏無懼地勇敢追求自己的夢想。

必須正面挑戰，留意身邊的每一個機會，積極爲自己創造機會。從約翰·馬登的發跡過程中，我們可以深刻體會「遍地有黃金」這句話的道理。當然，這也得依靠他的智慧和鑽研精神，才能在平凡中開創如此不平凡的傳奇。沒有人不想成爲大富翁，只是，有幾個人能像馬登一樣，肯花費心思挖掘財富在哪兒呢？

機會就在你身邊，不要用世俗的眼光去評斷事物的外表，而是用心去發掘內在的價值，只要你願意把自己的想法變成實際的做法，肯讓腦子靈活轉一轉，肯用心尋找，機會一定會出現。

因爲，這正是那些白手起家的傳奇人物身上，最重要的成功秘訣。

出版序 有好的想法，也要有聰明的做法 •宋時雨

[PART 1] 面對機會，更要發揮智慧

用心地面對你遇見的每一個人事物，並且細心地對待你接觸到的每一個人事物，你的機會自然源源不絕。

「出賣空氣」也是一樁好生意 016
當淘金客，不如做冶金人 019
「死纏爛打」是行銷的最高境界 023
心情輕鬆，腦袋自然暢通 027
好的創意總是能「一舉數得」 030
面對機會，更要發揮智慧 035
膽識決定你的運勢 040
分工合作才能達成最佳效果 044
營造聲勢就能扭轉劣勢 048

「PART 2」

錯誤也是一條致富的道路

失敗時，你只需要一個正確的想法和積極的行動，只要你能找出扭轉局面的方法，失敗就會是成功的另一個開始。

錯誤也是一條致富的道路 054
送牛糞會讓你一鳴驚人 057
培養實力，等於累積財富 060
借力使力的行銷妙招 063
勇於嘗試，才會有意想不到的成功 067
懂得變通，窮人才會變富翁 072
擺脫舊思維是成功的「黃金法則」 077
包裝決定產品的賣相 083
用最低的成本獲得最高的利潤 087

【PART 3】

想要成功，就必須與眾不同

皮爾．卡登是法國十大富翁之一。他的成功典範，無疑告訴我們，「創新」，才是進步以及致富的捷徑！

世界上永遠沒有過時的東西 092

別讓未來停在想像的框框 095

如何讓自己成為下一個成功者 099

逆境，正是通往成功的階梯 103

別提前宣判自己死刑 106

發財的創意就在生活細節當中 110

別當「沒出息」的紳士 114

想要成功，就必須與眾不同 117

經驗是創意的絆腳石 122

【PART 4】

活用缺點，就能變成賣點

不要老是為了一些芝麻小事動氣，事情都已經發生了，不如動腦想想有何解決之道，或是如何將妥善運用，將缺點變成賣點。

活用巧思創造雙贏 126

風險多大，成功的機會就有多大 130

活用缺點，就能變成賣點 134

每一次失誤，都是成功的前奏 138

成功和失敗都不可能單獨存在 142

花點小錢，就可以搶佔大市場 146

朝著夢想中的數字邁進 150

機會總是出現在轉念之間 155

善用身邊的有效資源 159

「PART5」

改變腦袋，才可能擁有未來

著名的投資理財專家E．葛瑞斯曾說：「現代人總是在比賽如何快速汰換過時的機器，卻從來不願意設法更新自己的腦袋。」

改變腦袋，才可能擁有未來 164
堅持努力到最後一分鐘 168
勇敢面對失敗的考驗 172
勇氣會讓你逢凶化吉 176
誠實是成功最重要的礎石 180
不斷創新才能敲開成功的大門 183
只有過人的能力才能讓你東山再起 186
試著把譏諷當作激勵 189
讓自己成為產品的活招牌 192

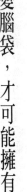

[PART 6]

找對定位，就能刺激消費

只要懂得刺激消費心理，選對消費主題，不管誰的錢，都會輕鬆地落入我們的口袋中。

想尋找新目標，試著逆向思考 198
把自己的缺點轉化成最佳的賣點 202
在創意之中添加樂趣 205
創意就是致富的「知識貨幣」 208
找對定位，就能刺激消費 213
處處用心，才能擄獲消費者的心 217
低價促銷是打開市場的好方法 221
讓產品說話，是最好的行銷手法 225
輕輕挑動消費者的好奇心 229

【PART 7】販賣希望，就能達成期望

運用消費者的心理來刺激消費意願，功效最為顯著。當心理因而得到了滿足，其他的條件也都變得不重要了。

借助名人的號召力推廣自己的名氣 234
利用色彩贏得消費者的青睞 238
有勇氣，更要有謀略 242
從另一個角度看自己的困境 246
靈活變通，才會更加成功 249
販賣希望，就能達成期望 253
懂得「搞鬼」，就有成功機會 257
從失敗中找出突破困境的方法 261
懂得動腦，才能成功行銷 265

Have good Ideas, but also have smart ways

【PART 8】把創意要得不著痕跡

「創意」是財源廣進的重要媒介，而「挑動」消費者的好奇心更是想招財的生意人最重要的必勝招數。

「投其所好」是經營學的第一要訣 270

把創意要得不著痕跡 274

為自己建立獨一無二的特色 278

改正缺點，就是最好的賣點 283

了解市場區隔，才能迎合消費者 287

為消費者著想，就能打開市場 291

面對危機要懂得為自己找出路 295

培訓人才就是創造錢財 299

搶得先機，就有無限商機 303

[PART 9]

勇氣是創造奇蹟的關鍵

不要老是要等到市場出現變動，才知道修正自己的步伐，更不要老是等待別人測試過後，才有勇氣把新事物搬上台展現。

創造溫馨的購買氣氛 308

不怕沒機會，就怕你不肯行動 312

面對未來要有遠見，更要有企圖心 316

每個人都能創造市場新趨勢 321

根據消費需要進行行銷 325

給予實質鼓勵最能刺激員工的士氣 330

不怕沒有機會，只怕你看不見機會 334

勇氣是創造奇蹟的關鍵 338

除了創意，還得再加行動力 342

把人才放在正確的位置 346

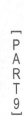

PART 1

面對機會，更要發揮智慧

用心地面對你遇見的每一個人事物，

並且細心地對待你接觸到的每一個人事物，

你的機會自然源源不絕。

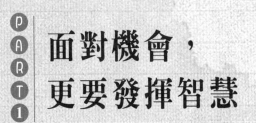

「出賣空氣」也是一樁好生意

只要充滿智慧，人生到處都是賺大錢的成功機會，連空氣都能賣了，還有什麼不能賣？

成功致富的機會往往來自一些天馬行空的想法，許多人斥之爲荒誕無稽的念頭，其實正蘊藏著平常人看不見的機會，全看你是否具有獨到的智慧，以及鍥而不捨的追求毅力。

你必須具備的智慧

有一年，有個名叫洛克的美國商人，終於了卻自己的心願，忙裡偷閒來到日本富士山渡假。徜徉在鳥語花香的山林之中，清新的空氣，青翠的草木，在在令洛克感到心曠神怡。

洛克每走一步，便要深深地吸一口清新的空氣，心裡才會滿足。這時，他忽然靈機一動，心想：「這裡的空氣這麼棒，我何不把它拿去賣呢？那些整天吸著混濁空氣的都市人，應該會想要多享受這裡的清新空氣吧！」

洛克並不是天馬行空胡亂想想就算了，而是馬上抓住這個突來的靈感，展開一系列宏偉的計劃。他立即派人到富士山採集空氣，並且進行科學性的理論分析，發現其中的負離子非常豐富，這也正是人們最需要的空氣維生素。

有了這個發現，開心的洛克便決定在富士山的山腰，創辦了「富士空氣罐頭廠」，專門生產這個令人感到不可思議的新產品。

這個創新的產品，對於那些飽受污濁空氣之苦的都市人來說，能夠一打開空氣罐頭，便享受到一股眞實而清新的大自然氣息，簡直是個奇蹟。

當他們身心疲累的時候，閉上眼睛呼吸到這麼舒適的空氣時，便有置身山林、田野或草地的感覺，渾身舒適享受，心曠神怡。

於是，神奇的「空氣罐頭」，一下子便風靡了都市人，後來洛克生產的「富士空氣罐頭」，不僅行銷日本市場，還出口到美國和歐洲呢！

有好的想法 要有聰明的做法

「空氣罐頭」的開發，喚起的不只是人們對新鮮空氣的需求，還包含了對空氣維護的自省，而且也說明了，只要充滿智慧，人生到處都是成功機會，連空氣都能賣了，還有什麼不能賣？

我們來自於自然，所以不可能棄自然而生，這也正是大自然永遠讓人們著迷，而且處處都是商機的原因。

每個人都渴望回歸山林，許多人在造訪大自然後，回到工作或生活崗位上時，才能重新激起了驚人的創造力。

就像來到山林的美國商人洛克，在感嘆清新空氣難得的同時，也激發他「出賣空氣」的創意。

當淘金客，不如做冶金人

聰明的人會在被挖走金礦的土地上，試著創造另一個發財的奇蹟，而不是黯然放棄這片看似荒蕪的土地。

十九世紀，美國加州各地掀起了陣陣淘金熱。儘管有人眞的因爲挖掘到黃金而衣錦還鄉，但是，大多數發財致富的人，靠的是另類的辦法。

例如，李維發明了「李維牛仔褲」，賣給淘金客而大發利市，賣圓鍬、賣鏟子，甚至賣水的，都從中獲得了比淘金客更多的財富。

以下則是一個另類的發財故事。

自從傳出有人在薩文河畔發現金沙之後，淘金客便從四面八方湧入。

他們尋遍了薩文河的整個河床，還在河床上挖出了許多大大小小的坑洞，每個人都希望自己能找到金礦，成為人人羨慕的大富翁。

結局是幾家歡樂幾家愁，有人挖到了金礦，開開心心地抱著金礦返回家鄉，但也有人一無所獲，最後敗興而歸。當然，也有人不甘心夢想落空，繼續駐紮在這裡尋找「希望」，彼得·弗雷特便是其中之一。

他在河床附近買了一塊土地，搭起小木屋，把所有的希望都押在這塊土地上。為了尋找金礦，他日以繼夜地在這塊土地上努力工作。

但是，埋頭苦幹了好幾個月，偌大的土地被挖得坑坑巴巴，他卻連一粒金沙都沒有發現。熬了六個月之後，他身上連買塊麵包的錢都快沒有了，這才不得不覺醒，決定另謀出路。

然而，就在他即將離去的前一天晚上，天氣忽然驟變，下起了傾盆大雨，而且一連下了三天三夜。第四天，大雨終於停了，彼得走出了小木屋，卻發現眼前的土地完全變了個樣，與先前完全不同。那些坑坑巴巴已被大水沖刷平整，一大片土地變得鬆軟許多，似乎有許多綠茸茸的小草就要冒出來了。

彼得看著這片土地，忽然靈光一閃：「我在這裡雖然沒找著金子，但是土地仍然是我的啊！如果在這麼肥沃的土地種花，我就可以將鮮花運到鎮上去販售，這麼一來，我不是也能賺到許多錢？只要努力工作，那麼有朝一日，我也會成爲富翁……」

彼得認眞地望著鬆軟的土地，彷彿看到了另一個未來的希望。彼得用力地吸了一口氣，然後對著土地喊叫：「我不走了！我要在這裡種花！」

彼得眞的留下來努力地開墾土地，研究花卉品種，認眞培育這些花苗。

很快地，各種美麗嬌艷的花朵，在這一大片土地上嫣然綻放。

當彼得把鮮花運送到鎮上去販售時，許多顧客都稱讚道：「哇！你們看，這些鮮花多麼美麗，我們從沒見過這麼鮮艷的花朵！」

因爲彼得的花比別人的便宜，品質也比別人好，許多商家紛紛找他購買，才幾個月的工夫，他便成爲花市的唯一供應商。

五年後，彼得眞的實現了夢想，完成了成爲大富翁的願望。

聰明的人知道，當別人已經把一塊土地裡的黃金挖走了，就不能再指望這塊土地會繼續冒出黃金。所以，聰明的人會在這塊土地上，試著創造另一個發財的奇蹟，而不是黯然放棄這片看似荒蕪的土地。

就像彼得一樣，從一無所獲的淘金客，轉變爲成功的花卉供應商。

沒有人不想擁有財富，每個人都希望自己能擁有永久的財富，但是，不改變自己的腦袋，財富要從哪裡來呢？

金礦再多，總會有被挖光的一天。只要你不再當個不切實際的淘金客，能腳踏實地創造自己的財富，你的財富自然能長長久久。

「死纏爛打」是行銷的最高境界

不要害怕熱臉貼冷屁股，只要你能力夠強，死纏爛打堅持下去，即使是最頑強的對手，終有一天也會被你征服。

成功的法則說起來其實很簡單：「只要設定目標死纏爛打，拗到最後，成功就是你的。」問題是，你的能力夠強，臉皮夠厚嗎？你能夠毫不在意地看待眼前的失敗挫折嗎？

科爾曾經是一家報社的職員，剛到報社當廣告業務員時，對自己充滿了信心，甚至還向經理提出不要薪水，只從爭取到的廣告費中抽取佣金的建議。

經理聽了這番話，當然立即答應了他的請求。

開始工作之後，他列出了一分長長的名單，準備逐一拜訪這些名單上的重要客戶。不過，當其他業務員看見他列出的名單時，全都認爲他一定是瘋了，因爲他們認爲要爭取到這些客戶，簡直是天方夜譚。

開始拜訪這些客戶之前，科爾把自己關在房間一天，並站在鏡子前，把名單上的客戶唸了好幾十遍，然後對自己說：「在這個月月底之之前，你們一定全部會向我買廣告的版面。」

於是，他帶著堅定的信心，開始拜訪名單上的客戶。

第一天，他用了各種溝通方法和推銷技巧，與二十個「不可能的」客戶中的三個談成了交易。接下來，兩天內，他又成交了兩筆交易。

很快地，月底的期限已經到了，科爾幾乎大獲全勝，因爲有十九個人都搞定了，只剩一個還不願購買他的廣告。

能夠成功說服十九家客戶，對許多人來說已經是非常好的成績了，所有人都非常佩服他。但是，科爾仍不滿足，對於漏失掉的那一位仍不放棄，鍥而不捨地堅持要把最後一個客戶也爭取過來。

第二個月，科爾沒有去發掘新客戶，每天早上都會前去找那個拒買廣告的客戶，當對方的商店一開，他就進去遊說。

但是，這個商人每天都只回答：「不！」

不過，聰明的科爾每次都假裝沒聽到，然後繼續地勸說，直到將近月底，這個已經連說了三十天「不」的商人，口氣終於緩和了些：「你浪費了一個月的時間，來請我買你的廣告，請問你爲何要這樣做？」

科爾說：「我並沒有浪費時間，其實，我每天仍在上行銷課啊！對我而言，你就是我最好的老師，從你的拒絕之中，我不斷地訓練自己，試著如何讓自己在逆境中堅持下去。」

那位商人聽完點點頭，笑著對科爾說：「照你這麼說，我也等於在上課，而你就是我的老師。如今，你已經教會了我如何『堅持到底』，對我來說，這

比金錢更有價值，爲了向你表示我的感激，我就買你的一個廣告版面，當作我付給你的學費吧！」

聯邦快遞公司創辦人兼首席執行長弗瑞德．史密斯曾經指出，想在商業領域出人頭地，最重要的是要擁有面對失敗的勇氣，這是全球五十名頂尖的CEO共同具備的領袖氣質。

弗瑞德．史密斯強調，如果欠缺這種領袖氣質，即使目前經營的事業看似成功，也可能在某個意想不到的衝擊中土崩瓦解，難以東山再起。

科爾憑著堅持到底的精神達成了目標，其實正是實踐著「死纏爛打」的方法。在生活和事業中，我們往往缺乏這種精神，而與成功失之交臂。

因此，千萬不要害怕熱臉貼冷屁股，只要你能力夠強，臉皮夠厚，死纏爛打堅持下去，即使是最頑強的對手，終有一天也會被你征服。

心情輕鬆，腦袋自然暢通

仔細回想一下，當你放鬆心情的時候，思路是不是很快地就能澄清，許多靈感和想像都能激發出來呢？

你必須具備的智慧

壓力是扼殺思考與創造力的元兇，面對壓力的時候，不妨置身在自然的環境中。因爲芬多精的催化，會讓想像力特別旺盛，舒暢的環境會令人壓力盡釋，腦袋零阻塞，創意自然暢通無限！

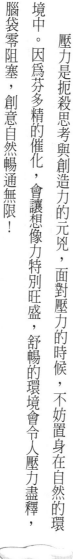

冬天的時候，美國北部經常會有暴風雪發生，而且每一場暴風雪過後，總是壓斷了許多高壓電線，造成重大損失。

爲了徹底解決這個問題，美國通用電力公司特別召開了一場討論會，並且鼓勵所有員工和專家們儘量提出建議，暢所欲言。

於是，有人提議沿著高壓電線增置加溫設備，以消融上頭的積雪，還有人提議安裝震盪器，抖掉線路上的積雪……等等，千奇百怪的方法都有，但是大多不可行，不過主持人仍鼓勵大家，儘量多想出一些絕招。

這時，忽然有人幽默地提議，不如用最簡單的辦法，就是下雪的時候，用大掃帚沿著高壓線清掃一回。

有人不以爲然地接話說：「那恐怕得請上帝來清掃了！」

沒想到這句玩笑話竟激勵了一位與會者的靈感，他想：「要上帝抱著大掃帚來回奔跑，當然是天方夜譚，但是，我們可以用直升飛機來代替上帝，這樣一來不就可行了嗎？」

這是一個既簡單又經濟的方法，後來實驗證明非常有效，由此可見，集思廣益的腦力激盪方式，相當有助於開發創造力。

在腦力競賽的時代，必須不斷創新，也必須不斷集思廣益，然後根據訊息做出正確研判，設法提昇自己的競爭力，否則就會遭到淘汰。

但是，經常越需要創意的時候，偏偏越欠缺創意。

相信許多人都曾經體驗過，壓力過大時，很自然地便會鑽進了思考的死胡同裡，再也走不出來。

如果你問從事創意的人，如何才能讓自己特別有想像力，相信多數人會告訴你：「把心情放輕鬆，創意自然無限暢通！」

把心情放輕鬆，也是激發創意的另一種方式。仔細回想一下，當你放鬆心情的時候，思路是不是很快地就能澄清，許多靈感和想像都能激發出來呢？

好的創意總是能「一舉數得」

成功的行銷對顧客們來說，有著「佔了便宜」的錯覺，更有了受到「禮遇」的尊榮感。

古希臘思想家狄摩西尼曾說：「沒有做法的想法，永遠只是一種紙上談兵的空想。」

不論你有多麼了不起的想法，如果缺乏實踐精神，採取有效的做法努力將它實現，那麼這個想法充其量只是毫無任何價值的空想。

想要成功，除了要激發出別人不曾想過的構想之外，最重要的是不能做「言語上的巨人，行動上的侏儒」，必須將想法付諸實現。

好的創意總是能創造讓人意想不到的商機。在這個隨時都得面對競爭的商業社會裡，拓展業務的技巧不再是苦行僧一步一腳印的方式，代之而起的是越來越誇張的行銷手法。

爲了刺激消費慾望與好奇心，行銷人員的「創意」功力變得越來越重要。因此商家們投資在宣傳上的比重越來越多，創意十足的誇張廣告紛紛出籠。

你必須具備的智慧

決定在東京濱松町開間咖啡廳後，森元二郎經常提醒自己：「想在東京闖出一片天，我一定要想出一個出奇制勝的招數。」

爲了一鳴驚人，森元二郎決定推出一道定價「五千日元」的頂極咖啡。

如此昂貴的咖啡價格果然成了話題，吸引人們的目光，小道消息傳得十分迅速，人們一聽，個個都搖著頭說：「誰會去喝這麼貴的咖啡啊？就算撒了金粉也沒這麼貴吧！」

不僅如此，連一向揮金如土的人也紛紛批評森元二郎：「五千日元太離譜了！根本是想搶劫！」

不過，奇怪的是，雖然大家異口同聲地批評他，卻又一個個走進他的咖啡館好奇地詢問：「五千日元的咖啡長什麼樣子？」

沒錯，森元二郎想挑動的就是消費者的好奇心！

罵聲連連中，森元二郎的五千日元咖啡也天天熱賣。因爲，無論消費者多麼理性，始終敵不過心中的好奇！顧客們爲了嚐試一下五千日元的咖啡是什麼滋味而上門，煮咖啡的服務員天天應接不暇。最後，顧客們的好奇解決了，他們找到了「高價」的原因，還給它高價的肯定。

原來，價值是在咖啡的身上。森元二郎爲了這款咖啡，特別進口世界著名的法國頂極咖啡杯，光這個咖啡杯的市價便有四千日元的價值。因此，森元二郎特別設計了一個特殊的消費模式，當顧客們享用完這個高價咖啡後，服務員會立即將咖啡杯收回並清洗乾淨，顧客們準備結帳離開前，服務生會將這個咖啡杯包裝妥當後贈予消費者。

這個特別的售後服務令許多顧客受寵若驚。特別是在品嚐完咖啡高手所煮的美味咖啡後，還能帶回頂極咖啡杯，當然令人驚喜不已，口碑也在這些驚嘆聲中不斷地傳遞出去：「哇，那裡的服務眞好，裝潢更是一流，品嚐咖啡的氣氛更是好得不得了，就像歐洲貴族般地享受！」

原本抱著好奇心理嚐試的消費者，不僅沒有吃虧的感覺，甚至都認爲自己賺到了呢！

有好的想法 要有聰明的做法

其實，從森元二郎的巧思中不難看出成功的重點，一是明地裡做咖啡生意，實則兼賣了法國製咖啡杯，這可說是一舉兩得。

此外，使用過的咖啡杯從此便能經常更新，這也讓消費者對餐具有了「乾淨、衛生」的好印象。

再者，雖然這個咖啡杯經由加值售出的方式送出，但它是以「贈送」的模

式交到消費者手中，對顧客們來說不僅有著「佔了便宜」的錯覺，更有了受到「禮遇」的尊榮感。

最重要的是，這些咖啡杯從此全進駐顧客家中，也成了宣傳咖啡館的重要主角。每當顧客們想起了咖啡，肯定都會不自覺地想到森元二郎的咖啡館！

仔細分析之後，我們也領悟到，原來，成功的行銷關照到的層面是如此廣泛，除了能爲商品銷售締造佳績，連帶也帶顧客良好的公司形象。難怪，所有廣告行銷人員每天都得通宵達旦的動腦、討論，希望研擬出可以「一舉數得」的絕妙行銷方法。

面對機會，更要發揮智慧

用心地面對你遇見的每一個人事物，並且細心地對待你接觸到的每一個人事物，你的機會自然源源不絕。

哲學家孟德斯鳩曾經告訴我們一個簡單的道理：「財富屬於那些在當下能夠當機立斷的人。」

其實，透過種種觀察比較，我們可以知道，有錢人比沒錢人眞正高明的地方，在於他們會發揮智慧面對機會，不拘泥於一大堆小框框，明確果斷、大刀闊斧去做自己認爲一定會賺錢的投資。

機會到手後，更要積極掌握，絕不能鬆懈。因爲，一旦態度輕忽了，即使

是天賜良機也會轉眼成空。

生活中無論遇見什麼樣的人事物，我們都應該謹慎對待且認眞地經營。因爲在全球化時代，人與人之間的交流的機會變得更多，所有曾經與我們接觸過的人事物，在未來的日子裡都可能帶來無法預期的助力，或者是阻力。

你必須具備的智慧

在一次難得的機遇中，新力公司的董事長盛田昭夫便緊抓住天賜良機，讓英國皇室爲自己的產品作宣傳。

那年，威爾斯親王到日本參加國際博覽會，當時英國大使館便委託新力公司爲親王的房間準備一套視聽設備，其中包括一台高畫質的電視機。

新力公司對於這個服務機會確實相當用心，第一流的服務品質令威爾斯親王讚美不已。在招待會上，盛田昭夫經人媒介與親王認識了，親王也對新力公司提供的服務表示感謝，甚至還向盛田昭夫提議：「如果您想到英國設廠，別忘了到我的領地啊！」

不久，盛田昭夫果眞率領新力公司前進英國，因爲他早已評估當地的需求與利潤，再加上拉攏了親王這張宣傳王牌，因此新力公司一致決定英國是他們步向全球化的第一站。

開工動土的典禮上，盛田昭夫不忘記邀請威爾斯親王駕臨，爲了感謝親王的支持與鼓勵，還特別在工廠大門豎立一塊紀念碑，以示永久銘記的誠意。

營運相當順利的新力公司，很快地又決定要擴大生產，這次盛田昭夫再次邀請威爾斯親王前來剪綵，但由於親王行程已經排滿，最後只好委由身懷六甲的王妃前來祝賀。

迎接王妃的到來，盛田昭夫的接待工夫做得更加細心。由於王妃懷有身孕，董事長不僅親自準備交通工具，還細心地準備了一頂工作帽，以保護王妃的安全，而帽子上斗大的「新力公司」商標，從此也深刻地烙印在每一位民衆的腦海中。因爲，這個畫面被各大報紙刊登在頭版上，上面則寫著「王妃參觀新力公司在英國的分廠」。

從此，凡是到新力公司參觀的人都會從這個紀念碑與照片記錄中，了解新力公司的拓展歷史，對於他們與皇室的友誼也有了更深一層的了解。其中當然也包含了民眾因爲皇室，而對新力公司產品所產生的信任。

有好的想法 要有聰明的做法

若說是英國皇室爲新力公司帶來財富，一點也不爲過。從商業的考量到友誼的建立，對新力公司來說，最重要的當然是想借重王室的力量來拓展公司的海外業務。透過親王的推薦和參與，盛田昭夫可說不費吹灰之力便打入了英國的市場。他們借重王室的名聲與地位，巧妙地提升並建立起新力產品的質感，當然也直接給了人們品質保證的第一印象，因爲「親王」的形象正是他們最重要的信譽保證。

這就像許多喜歡找名人來代言的廣告商一樣，透過名人的名聲與形象，不僅能吸引消費者的注意力，還能借助他們的形象代言建立起人們的信任感，進而願意花錢選購該公司的產品。

從高品質的視聽服務到積極拉攏與皇室的關係，盛田昭夫的每一個動作雖然深具商業謀略，事實上卻是絕佳的交際手腕，細心、耐心與誠意正是新力公司至今歷久不衰的經營精神。

從故事中，我們不難看出盛田昭夫的經商哲學：「不錯過任何機會，也不要錯過任何與人交誼的機會，用心地面對你遇見的每一個人事物，並且細心地對待你接觸到的每一個人事物，你的機會自然源源不絕。」

有幸獲得機會的同時，一定要切記，務必好好地用心經營，別讓隨之而來的大好前景與你錯身而過。

膽識決定你的運勢

想要從人生的谷底翻身，想要從窮人變富翁，便要多用你的智慧選擇未來，也多用你的膽識挑戰未來。

國際投資大師巴菲特曾經奉勸投資人說：「投資人不能只是墨守某個投資類別，或者是某種投資方式，卻想獲得較高的投資報酬率；想要投資獲利，必須謹慎評估事實，並且不斷充實自己。」

想賺錢就要懂得撿便宜，這是一種商戰謀略，考驗著你的膽識和智慧。

只要你的評估夠仔細，也知道自己的能耐有多少，就可以大膽買下那些即將倒閉的公司。因爲，那不僅可以讓你降低成本，還能即時且便捷地利用他們已經佈建好的資源與市場。

有一間大玩具廠經營不善即將倒閉，就在清算之前，保羅·道彌爾忽然出現在這間工廠的大門口。

原來，他聽說玩具廠因管理不善即將關閉時，心想：「這間工廠就這麼關了實在很可惜，如果我買下它，也許會有轉機。」

於是，保羅立即來找廠長表達他的購買意願，急欲轉讓的老闆一聽說有人要買，也大方地以極低的價格售出，畢竟苦苦支撐的日子實在很累人，有人願意接手，他當然毫不考慮地脫手了。

眼光卓越且行動積極的保羅，以極低的價錢買下了這間大工廠，接著他積極地找出工廠失敗的原因，也修正了該廠許多錯誤的經營計劃。

膽識決定運勢，不到半年的時光，這間工廠從前的榮景再現，甚至每月營

收還比從前極盛期多一倍。這是保羅玩具廠的奇蹟，我們熟知的石油大王哈默爾，其實也曾有過這樣的機遇。

二十世紀初，德士石油公司在舊金山東邊的某個河谷裡尋找天然氣。然而，當他們探鑽到五千六百英呎時仍不見天然氣的蹤跡，看著每天大量投入的金錢與人力成本，德士公司最後不得不做下一個決定：「再鑽下去恐怕徒勞無功，如今成本已經透支，看來我們得罷手了！」

結論出來後，他們立即對外宣佈結束營運的訊息。

哈默爾一得知這個消息，立即派了幾位專家暗中考察當地情況，不久他便接掌了德士石油公司的一切。

輕輕鬆鬆地買下了德士公司之後，哈默爾便請工人們再度開工，在原來的油井中繼續探鑽，沒想到僅僅再鑽進了三百英呎，天然氣便噴湧而出了！

經過這一次的成功經驗，哈默爾越來越喜歡接管那些急於「半途而廢」的石油開探公司，因爲經他旗下專業團隊的仔細探測後發現，每一個被遺棄的油井底下全都藏著極豐富的資源。

在別人的的眼中，保羅根本是愚笨地接下別人的爛攤子，但事實上，在保羅獨到的膽識與遠見中，他看見的不是「倒閉」，而是難得的「機遇」。

至於哈默爾的成功，則建立在別人的失敗上。大多數人都有著「不能立即看見成效，便急於半途而廢」的習性，這時便是介入的最佳時機。當然，哈默爾若是沒有專業眼光和探鑽勇氣，想必也不敢輕易地死馬當活馬醫。

想要從人生的谷底翻身，想要從窮人變富翁，便要多用你的智慧選擇未來，也多用你的膽識挑戰未來。商場上風光的機會很多，只要你能走過一關又一關的危險，只要你有勇氣挑戰別人無法完成的困難，那麼你應得的成功掌聲絕不會少於你的渴望！

分工合作才能達成最佳效果

每個人都有一定的專長，也各有各的能力侷限，因此專業分工與合作的重要性，所有努力追求成功的人都必須了解並善加運用。

不是每件事都攬在自己手中就是安全的，也不是把所有權力都握在手中就能掌握一切。在這個群居的社會中，分工合作是最有效率的生活模式。如果經營者老是不肯放手，或是對於別人的專業能力老是抱持懷疑的態度，那麼恐怕只會永遠原地踏步。

積極培養自己的專業能力，能看見自己的未來優勢；敞開心門信任別人的專業能力，更能看見成功的光芒。

北歐世家皮革公司一直以北歐和中國的優質皮革作爲原料，負責設計的則是法國著名的時裝設計師姬仙蒂娜。每年秋季，他們都會在紐約、巴黎等國際大城市舉辦時裝表演。

最近這一季時裝展，公司終於決定委託著名的公關公司，幫助他們到東南亞與中國宣傳最新服飾。

這間名爲博雅的公關公司，首先請作家完成了一批文稿，分別發表於香港的時裝、婦女、生活等相關流行雜誌及報紙專欄上。隨後，他們便在香港電視台的女性專題節目中現身。

螢幕中，身著名貴皮革服飾的中國與外國模特兒忽然出現，果然立即吸引了電視機前所有女性的目光。光彩奪目的皮革穿在身材玲瓏有致的模特兒身上相當迷人，讓許多女孩們充滿了美麗憧憬。

從那天起，電視台的電話便響個不停，每個人都在詢問這些服飾的品牌名稱。不久，公關公司選擇一家高級飯店安排了一場現場走秀，當天吸引了許多服裝界、皮革專家和各國記者入場欣賞與採訪，小小的秀場擠進了八百多人，宣傳效果可說相當成功。

第二天，各國報紙與媒體大肆報導這場盛宴，關於這些皮革服飾的美感與評價，所有看過的人無不讚譽有加。

不久之後，世家皮革便在世界各地刮起了一陣流行旋風。

一般來說，成功的商品除了必須具備獨特性之外，再來便得靠宣傳人員進行創意行銷了。就像北歐世家皮革，若不是公關公司巧妙安排曝光的機會，恐怕只能在某個小店面裡靜靜等待知音出現了。

行銷是相當細膩的技巧，不管在什麼領域中，即便是淡泊名利的文化環境，希望得到人們的支持或關愛眼光，最終還是得透過宣傳吸引更多人好奇的目光，進而得到人們的認識與了解。

默默等待是最笨的方法，主動出擊才是聰明人的成功訣竅。就像北歐世家皮革公司一般，在拓展公司未來的版圖時，知道專業分工的重要性與必要性，所以不吝於宣傳經費上的投資。

從中，我們還看見了他們對公關公司的信任，這是兩家公司在專業上的互信互助關係。因此，秀場的事他們交給了專業的公關人員，自己則專注在皮革服飾上的研發與設計。

每個人都有一定的專長，也各有各的能力侷限，因此專業分工與合作的重要性，所有努力追求成功的人都必須了解並善加運用。因爲，在信任專業的狀態之下，各自的專才才有全然揮的機會，加上彼此不斷溝通與協調，才可能達成預期的業務目標。

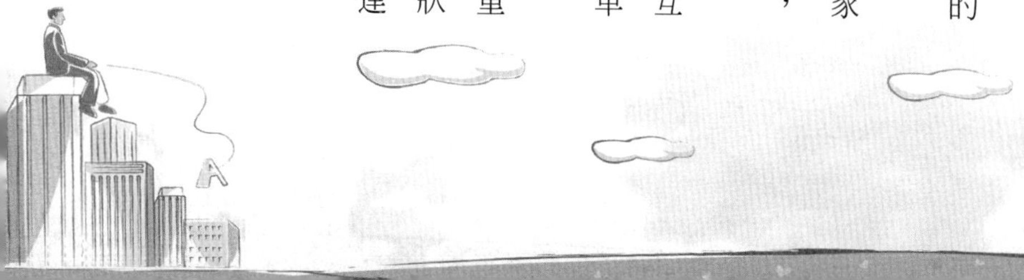

營造聲勢就能扭轉劣勢

巧妙地為自己創造機會並扭轉頹勢，在艱困中求生，往往能激發一個人的鬥志與創造力。

能爭取到顧客就等於取得了市場的佔有率。在商場上，只要擁有了市場佔有率，就已經立於不敗之地。

換句話說，若是經營者想得到顧客，便得到虎口上去爭取他們，無論是用「緊迫盯人」的招數或是「死纏爛打」的方法，只要能爭取到消費者的目光，便算成功一半了。

一九七〇年，京山英太郎在地鐵牧野站前方興建了一座游泳池，這是一座可以同時容納一萬人次的豪華游泳池。僅管新游泳池頗具特色，但是就在牧野的地鐵前一站，牧方站早已設立了一座地鐵公司的自營游泳池。

這個情況對英太郎的游泳池當然多少會有影響，因爲英太郎的游泳池比牧方站游泳池晚了一站，再加上京飯地鐵公司經常在車上宣傳著：「下一站是牧方站，牧方游泳池就在這裡。」於是，旅客們很自然地便會在牧方站下車。

這個情況對京山英太郎來說當然十分不利，爲了扭轉地域上的劣勢，他想出了一個辦法讓遊客們知道牧方站的下一站便是牧野，還要讓他們知道，牧野的游泳池設備比牧方的游泳池更好。

爲了達到這個目的，他想出了一個既有效又簡捷的辦法，就是在遊客量最多的地鐵總站大做廣告，只要能在這個轉運站做好宣傳，旅客們自然而然地便

會想到：「下一站是牧方游泳池，不過再下一站就到了英太郎游泳池了，我們不妨去那兒看看。」

只是，地鐵當局最後卻沒有接受他們的廣告提案，因爲他們很清楚英太郎是來搶生意的，所以阻絕了他們的廣告機會。面對如此惡劣的情勢，英太郎並沒有放棄，反而想出了一個更好的方法：「從今天起，我們每週日要到牧方游泳池門外發送免費入場券。」

就在免費入場券分發完畢後的第二天，前來英太郎游泳池的人數開始增加，人次更是不斷地突破新高。

即使稍有成果，英太郎也沒有放鬆行動，每個星期天都到牧方站發送免費入場券，無論車長們怎樣宣傳「下一站就是牧方游泳池」，遊客們全充耳不聞，因爲他們只想到英太郎游泳池玩樂。

終於，牧方游泳池再也受不了這樣的競爭，向京山英太郎提出了停止發放免費入場券的要求。

英太郎趁著這個機會提出他的意見，對地鐵站長說：「我可以考慮你們的建議，不過我希望你們以後不要再在車內宣傳牧方游泳池，如果你們不想停播，那麼我想請你們在車子抵達牧野站前也替我們廣播一下，以示公正。」

對於這個建議，地鐵站長當然搖頭了，試想，哪有人願意幫對手做宣傳呢？面對這個情況，英太郎一副委屈地說：「既然你們難爲，我也不想麻煩你們，不然這樣好了，你們讓我在車廂上做點廣告吧！」

地鐵公司仔細評估後，最終接受了這個建議，因爲免費入場券的殺傷力更甚於這些車廂廣告。

從此，英太郎的游泳池旅客與日俱增，一年總人次高達二十五萬人！

有好的想法 要有聰明的做法

爭取客人和與對手相抗其實是並行的步驟。在看似不擇手段搶客人的畫面中，英太郎其實主要是想向對手示威，要讓對手知道，路是人走出來的，無論他們怎麼霸佔這個市場，他都能巧妙地爲自己創造機會並扭轉頹勢。

從「緊迫盯人」到等待對手「要求協調」，英太郎每一步棋都走得相當絕妙。若非地鐵公司估有欲過高，不願意將市場與英太郎分享，或許英太郎也無法創造這樣非凡的成績吧！

其實在艱困中求生，往往能激發一個人的鬥志與創造力。所以，我們看見了英太郎勇氣十足地突破各種難關，並大方發送免費入場劵來刺激消費市場的變動，這些都是英太郎爲自己創造的機會，其中更隱含著一個旨意：「機會不見了，那麼就自己去創造機會！」

換句話說，每個人都一定會有機會，那不是等待老天爺的賜與，而是靠著自己去創造。因爲市場是活的，隨時會有所變化，一如我們自己創造人生的道理，一切操之在我。

PART 2

錯誤也是一條致富的道路

失敗時，你只需要一個正確的想法和積極的行動，
只要你能找出扭轉局面的方法，
失敗就會是成功的另一個開始。

錯誤也是一條致富的道路

失敗時，你只需要一個正確的想法和積極的行動，只要你能找出扭轉局面的方法，失敗就會是成功的另一個開始。

創意沒有固定的法則，知名廣告人威廉·柏恩拜克就曾經說：「一個創意最後會變成垃圾或是魔法，完全取決於使用它的人的天分。」

除了課堂上的考試之外，凡事不會只有一個標準答案，只要善於檢討、掌握每個意外，我們也能從錯誤中找出正確的道路。

你必須具備的智慧

有個德國工人在生產紙張時，不小心將原料調配的比率弄錯了，結果生產了一批不能書寫的廢紙。

出了這麼嚴重的紕漏，他不僅被扣工資，最後還遭到解僱。

當他灰心喪志的時候，恰巧有個朋友來找他，聽了他的遭遇之後，爲他想了一個補救的方法。

這個朋友教他把問題重新思考一次，然後試著從這個錯誤中找出問題的癥結和變通的方法。

這天，他拿著紙張反覆思考，發現這紙張比一般紙張還要厚，想得出神的他，一不小心就把水杯給弄翻了，情急之下，他便將這張紙隨手覆蓋上去。沒想到，這張廢紙一下子便把水吸乾了，吸水性甚至還比抹布還要好。

他靈光一現，發現這樣的紙，應該可以用在擦拭一般餐具或家庭器具上，而且既衛生又方便。於是，他把紙張切成小塊，取名爲「吸水紙」，拿到市場上出售，沒想到竟然十分搶手。

因爲這個錯誤的調配比率只有他一個人知道，後來他還申請了專利，靠著

這個錯誤，以及朋友的提醒，爲自己找到了人生的新出路。

不可否認的，發財致富有時候眞的需要一點運氣，但是，運氣是毫不講道理的東西嗎？會無緣無故從天上掉下來嗎？

不是的，運氣其實有一定的規律可循，而且通常都是我們可以掌握的，運氣就在一個人積極面對錯誤的行動當中。

只要換個角度，逆向看待錯誤，也能走出一條致富的道路。

「錯誤」有時也能成爲「意外的創新」，思考不應該只是一條直線，在我們的腦子裡，不正有著各式各樣的推演模式嗎？

失敗時，你只需要一個正確的想法和積極的行動，只要你能找出扭轉局面的方法，失敗就會是成功的另一個開始。

送牛糞會讓你一鳴驚人

創意通常來自生活中的人事物，不管外在環境如何變化，只要你捉住人心，得到的認同，便能化腐朽為神奇，創造新流行。

創新，需要的就是別出心裁，從平凡甚至醜陋的事物中看到機會；想要吸引消費者，便要設法摸透他們的內心世界。

送禮就是一個最好的例子。什麼才是最好的禮物，其實並沒有一定的標準，重點在於投對方之喜好。

每年到了「情人節」的時候，到處都可以看到一束束的玫瑰花，或是精美包裝的巧克力，在情人們之間傳送。

但是，除了玫瑰花或巧克力之外，難道沒有其他禮品可以贈送了嗎？

當然有。在商店裡，有各種琳瑯滿目的禮品可供選擇，不過，你一定沒有聽過，竟然有人在情人節這天，推薦情人們送「牛糞」這種既奇怪而又噁心的禮物吧？這是發生在英國的一個眞實致富故事。

一九九三年的情人節來臨前，英國有位名叫珍妮·唐恩的農家女孩突發奇想，把牛糞加上精美的包裝，並在禮盒上印了美麗又動聽的甜言蜜語，推到市場上販售，價格訂爲每件五英鎊。

試想，如果你的情人在情人節當天送你一袋牛糞，你會怎樣？

也許你會因爲聯想到「鮮花插在牛糞上」的俗語，懷疑對方存心譏諷而傷心一場。然而，這對喜歡種植花草的英國紳士淑女們來說，他們卻認爲，有人如果送他們牛糞，則是對方對自己的生活喜好，表示支持與讚賞的意思。

因此，珍尼·唐恩精心設計的「牛糞禮物」上市後，銷路非常好，令許多行銷專家都跌破了眼鏡！

珍妮．唐恩的成功，就在於她知道送禮的重點，其實在於如何向對方表達自己的心意。牛糞禮物傳達出來的，正是禮品的實用性和另類傳情的表徵。

牛糞的意義和價值，不在牛糞對於植物的營養，而是人與人之間生活的共鳴與認同感。珍妮．唐恩正是運用這分細膩的心思，才能在多數人不看好的情況下一鳴驚人！

牛糞禮品的例子，只有一個重點，就是要懂得人性的心理與感受，意即許多廣告人常說的：「捉住消費者的心」。

創意通常來自生活中的人事物，不管外在環境如何變化，只要你捉住人心，得到消費者的認同，便能化腐朽爲神奇，創造新流行。

培養實力，等於累積財富

多數人只會看見富翁的財富，卻看不見他們在成為富翁之前的辛苦，甚至包括富翁的子女也看不見。

你必須具備的智慧

仍在努力攀爬階段的你，看到別人坐擁財富的時候，千萬別灰心，因爲沒有人不必經歷磨練就能一步登天，或是永久擁有財富。不要好高騖遠，也不必羨慕、嫉妒認眞踏實地爲自己打下成功的基礎吧。

遠古時代，巴比倫有位買賣黃金致富的富翁名叫阿卡德，膝下只有一個兒子，叫諾馬希爾。

當諾馬希爾成年的時候，阿卡德決定把遺產交給他前，期望他能夠先到外面去闖闖，以測試他買賣黃金的經營能力，以及有沒有能力贏得眾人的尊敬。

阿卡德對諾馬希爾說，只要他具備了這些才能，他才可以繼承這些遺產。

於是，諾馬希爾帶著父親送給他的兩樣東西，便離開了家鄉。

這兩樣東西就是：一袋黃金和一塊泥板，在這塊泥板上，列著如何保住這袋黃金的五大建言。

離開家鄉以後，諾馬希爾歷經了十年的闖盪，十年間歷經了各種磨難，曾經身無分文地流落街頭，也曾被捉去當奴隸。

但是，每當遇到不幸的時候，他都會想起父親刻在泥板上的五條定律，告訴自己無論如何都要咬緊牙關撐過去。

最後，他不僅保住父親給他的這袋黃金，而且還多賺了兩袋黃金返鄉，十年的歷練讓他證明，自己的無限可能與實力。

台灣也有類似的例子，有些富爸爸的財富到達億萬，但是爲了讓幾個孩子有所成就，一家人一直過著貧困的生活。孩子們因此磨練得很有成就，直到分家產時，老爸爸才把事實說了出來。

多數人只會看見富翁的財富，卻看不見他們在成爲富翁之前的辛苦，甚至包括富翁的子女也看不見。所以，有遠見的富翁會以培養孩子的競爭實力爲目標，讓自己的財富能夠長久保留下去。

而這也正是富者越富的原因之一，許多富翁不是他們本來就有錢，而是他們比任何人都懂得財富的難得，知道要付出難以計數的努力，充分累積自己的實力，財富才會長久。

借力使力的行銷妙招

在迅速無常的現在商場中，想靠著「一雙腿和一張嘴」的原始行銷手法來打開銷路，必然無法有所建樹。

作家歐薩曾經寫道：「成功的秘訣很簡單，那就是在於你是否懂得捨棄眾人皆認為的好想法，大膽使用自己認為的正確想法。」

的確，想要成功，重點的並不在於有什麼「好的想法」，更重要的是有什麼「聰明的做法」。

只要願意用不同的眼光觀看事物，就能用最聰明的方法解決問題。

多元化的傳播模式，衍生出多元化的行銷招式，不管是想要借力使力，還

是希望強化競爭優勢，都必須花費一番巧思。

不管你假借什麼名目，只要能吸引消費者的目光和增加產品的能見度，都是最好的行銷手法。

你必須具備的智慧

二十世紀五〇年代中葉，法國有一家製酒公司，決定將他們生產的名酒「白蘭地」外銷到美國。

但是，當時「白蘭地」在美國完全沒有名氣，是一項沒沒無聞的產品，要如何才能打動美國消費者的心呢？

當製酒公司高階主管爲此事傷透腦筋之時，聽說美國總統艾森豪即將歡度六十九歲生日，於是透過電視、報紙等媒體，不斷推出行銷廣告，指稱法國人民爲了表達對美國人的友好，和對美國總統的推崇與尊敬，特別贈送兩桶酒齡有六十九年的陳年白蘭地，做爲總統的賀禮。

由於各大媒體都以大篇幅報導此事，「白蘭地」很快地便吸引了美國大眾的目光，開始對這個白蘭地產生了好奇。

到了艾森豪總統生日當天，法國公司還特別租了架專機，將這個特別的賀禮送到美國。沒想到，當這兩桶被紅色緞帶裝飾的法國名酒被抬下飛機時，竟然吸引了好幾萬人來圍觀。

一時之間，關於名酒專程空運送達美國的報導、新聞畫面，甚至是專欄特寫等等，完全都佔滿了當天的各個版面。

很快地，「白蘭地」便打入了美國市場，甚至成了酒中極品。

聯邦快遞公司創辦人兼首席執行長弗瑞德．史密斯，在闡述美國創業家的冒險精神時強調：「我覺得很遺憾，在某種程度上創業家的涵義是賭徒，我完全不能苟同這種看法。一般來說，風險最大的不是行動，而是不採取行動。」

是的，有好的想法，也要有聰明的做法，採取最有效的行動，否則毫無機會可言。

白蘭地公司為了打開美國市場，所使用的商戰策略是「借力使力」，透過為艾森豪總統祝壽的方法，達到攻城掠地的廣告效用。

在迅速無常的現在商場中，想靠著「一雙腿和一張嘴」的原始行銷手法來打開銷路，必然無法有所建樹。

唯有運用智慧巧妙掌握身邊的每個機會，才有可能更快速成功。

勇於嘗試，才會有意想不到的成功

伊夫．羅列的成功經歷，印證了一句至理名言：「想在短時間裡致富，不要在人群中擁擠了，想辦法去另闢一條捷徑吧！」

全世界因創新而成功致富的人士不勝枚舉，法國美容品製造大師伊夫．羅列就是其中一個例子。

他靠經營花卉起家，在一次新聞發佈會上，深有感觸地說，他之所以有今天，關鍵在於領悟到一個秘訣，從前，他對這個秘訣並不重視，甚至多次與它擦肩而過。

伊夫．羅列所說的這個秘訣便是——不斷創新！

伊夫．羅列從一九六〇年開始生產美容用品，到一九八五年時，已經在全世界擁有九百六十家分店。他曾多次摘取美容品和護膚品的桂冠，而他的企業更是唯一能和法國最大化妝品公司抗衡的對手。

他所有的成就，都是在悄無聲息中建立的，以致在發展初期並未引起同行競爭者的警覺，這全都賴於他自身具有的創新精神。

一九五八年，伊夫．羅列從一位資深的女醫師那裡意外得到一種專門治療痔瘡的特效藥膏秘方。於是，他依據這個藥方，研製出一種植物香脂，並挨家挨戶開始推銷這種新型產品。

推銷過程中，羅列忽然靈機一動，爲何不在《這兒是巴黎》雜誌上刊登一則介紹自己商品的廣告呢？此外，他也構思，如果能利用媒體的行銷力量，在廣告上再附上商品郵購的優惠訂購單，或許更能達到促銷的效果呢！

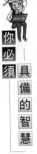

果然，羅列這個大膽嘗試使他獲得了意想不到的成功。

就在他的朋友還在爲他付出的鉅額廣告費用而大加譏諷時，他的產品已經在巴黎開始暢銷起來，原本被認爲會石沉大海的廣告費用，與他後來所獲得的利潤相比，顯然是九牛一毛。

當時，用植物和花卉製造的美容用品幾乎毫無前途可言，沒有人願意在這個領域投入大量資金，但是，伊夫．羅列卻反其道而行之，並對此懷抱著滿腔的熱情。創新的郵購銷售方式，讓他獲得無法想像的成功。在很短的時間內，羅列透過各種行銷方式，順利地銷售多達七十多萬瓶的美容用品。

如果說羅列採用植物來製造美容品是一個大膽嘗試的話，那麼採取郵購的銷售方式則是他的一種創舉。

一九六九年，羅列創辦了第一家工廠，並在巴黎奧斯曼大街上開設商店，開始自產自銷美容用品。他叮嚀每一位職員說：「我們的每一位女顧客都是皇后，你們應該像對待皇后一般地爲她們服務。」

爲了貫徹這個服務顧客的宗旨，他首創了郵購的營銷方式，公司的郵購業

務佔全部訂單的五十%。

由於郵購的手續並不複雜，顧客只需將姓名、地址等基本資料填妥，就可加入「羅列美容俱樂部」，並在很短的時間內收到樣品、產品價目表和說明書。這種銷售方式對那些因爲工作繁忙，或沒時間逛街購物的女士來說，無疑提供了很大的方便。到目前爲止，全世界透過郵寄方式來訂購該公司產品的婦女已經高達六億人次。

他的公司每年收到八千餘封信函，其中有些爲公司提出合理的建議，有的甚至寄來使用前後的對照照片和親筆簽名。該公司也常在回覆函裡貼心地提醒顧客訂購者：「美容用品並非萬能，規律的生活方式才是最佳的化妝品。」

此外，公司還把顧客的個人資訊輸入電腦，在她們的生日或重要節日時，都會送上些小禮品以示祝賀。現在，該公司的產品已增加至四百餘種，同時在全球擁有八百萬名忠實的顧客。

彼得．杜拉克在《不連續的時代》書中寫道：「顧客只關心自己的需要和期待能否滿足，這是個很明顯的道理，顧客的心裡總在問：『這種產品或行為，在未來對我有什麼用處？』」

其實，想要了解對方心裡到底在想什麼，或者是什麼產品，才能滿足對方的要和期待，並不是一件容易的事，但是，這都是想成功致富之時，必須具備的商場潛智慧，應當用心鑽研。

伊夫．羅列終於在付出艱辛和勞苦之後，找到了成功的契機。

在競爭非常激烈的化妝品市場中，伊夫．羅列透過他創新的產品——植物花卉美容品，使化妝品平價、大衆化，並且滿足各種不同階層顧客的需求，因此他能夠在商場立於不敗之地。

伊夫．羅列的成功經歷，充分印證了一句至理名言：「如果你想在短時間裡致富，那麼請不要在人群中擁擠了，想辦法去另闢一條捷徑吧！」

懂得變通，窮人才會變富翁

只要我們時時都掌握先機，能夠不斷地創新，靈活積極尋找新的方向，同樣能成功締造創造財富的傳奇。

人必須不斷創新，也必須不斷與週遭環境接觸，然後根據訊息做出正確研判，設法提昇自己的競爭力，否則就會遭到淘汰。

你的視野有多大，你的機會就有那麼多。有遠見的人才能早一步看見轉變之中的契機，進而隨機應變，立於不敗的地位；這不是什麼特殊的成功攻略，而是再簡單不過的致富原則。

生活中的難得機遇，始終都得靠我們主動挖掘；人生路上的契機，也始終得靠自己積極創造。

你必須具備的智慧

三年前，住在內華達州的大衛·伯格森接下了一間倒閉的製膠廠。這是一間只有三十名員工的小工廠，倒閉前工廠不僅背負了五萬美元的負債，還拖欠了工人們九個月的薪資。

然而，大衛接下這個爛攤子後，卻不見他精簡支出，反倒集資招募了近兩百名的工人加入生產行列。在眾人訝異的眼光中，他先將漏水的廠房屋頂修補好，接著將廠房與設備的問題一一加以解決，一切就緒後，大衛便對員工們說：「從今天開始工廠靠大家了！」

正當大衛的塑膠廠準備重新開張前夕，忽然聽說一個消息：「市場的塑膠需求已供過於求，許多塑膠製品公司紛紛關閉。」

大衛一收到這個情報，腦海裡立即出現一個「變」字：「公司要立即轉型，產品要因時制宜，才能安全無憂地衝向新的開始。」

經過無數次的調查與研發，大衛最後決定轉向皮革業，以皮革製品來開拓舊工廠的新未來。他們就地取才，用皮革製作了腳踏車的坐墊，以及手提包、青少年背包或旅行包……等等。這些生活上的基本配備很快地便打入了市場，由於製作品質一流，很快地便佔領了整個內華達市場。不久，大衛不僅將舊債清還，工人的薪資也補足了。

小本生意大獲利的消息很快地傳遍了商界。許多面臨困境的小工廠紛紛前來觀摩、討教，希望自己也能找到起死回生的機會和技巧。

其實，當大衛剛決定轉向眞皮產品時，很多資深工人紛紛前來責問他：「工廠原來生產的東西那麼暢銷，你爲什麼要停止生產呢？」

當時大衛對於工人們的質疑沒有多加解釋，只笑笑地說：「塑膠製品已經飽和，非變不可，以後你們便知道了！」

結果正如大衛的預料。但是，許多前來取經的工廠們，看見他們的本小利大的銷售成果，回去後竟也爭相大批生產，很快地皮革市場也開始飽和，出現了滯銷情況，然而大衛卻又找到了開發新產品的方向。

當時，他從一個鄉村女孩身上激發了「復古皮箱」的創意，只因爲女孩找不到結婚用的皮箱，而讓大衛想到：「是啊！我怎麼都沒有想到鄉村的需求呢？鄉村結婚必備的箱子，當然要美觀實用、既新潮又典雅才行，這一塊市場從來都沒有人注意到啊！」

於是，造型高雅、價格實惠又帶著鄉村氣息的「復古皮箱」出產了，許多鄉間經銷店得知這個消息，紛紛向工廠下訂單，懂得變通的大衛再一次讓公司的產品獨佔鰲頭。

有好的想法 要有聰明的做法

時代的步伐走得很快，無論是企業或個人，每每只能跟著市場的訊息變動、前進，只有極少數的人能輕鬆地掌握市場趨勢應對自如，並抓緊時機研發新產品，甚至引領市場的需要。

懂得掌握訊息，隨機應變，這是許多企業家成功的主因。企業家根據市場消息修正自己的腳步，一次次地體現了靈活思考的重要性。

在商場上，多變的消費者心理與同行強手林立，讓市場的變化迅速更加變幻莫測，如果管理階層總是在等待明確的流行訊息，或等待別人平安開路後才敢跟上前去，那麼機會與希望也將永遠落在他人之後，永遠也跟不上。

成功者的特質是，當其他公司遇到瓶頸才開始想要轉變時，他們已經大舉攻掠市場。他們沒有短視近利的毛病，總是拉遠了未來的目光，因而總是能早別人一步看見市場的停滯現象，並在別人準備一哄而上時變通轉彎，進而積極開拓新搜尋到的方向，繼續成就「出類拔萃」的領航地位。

許多活生生的案例都告訴我們，「隨機應變」、「果斷機警」就是成功訣竅，也是窮人變富翁的成功技巧，只要我們時時都掌握先機，能夠不斷地創新，靈活積極尋找新的方向，同樣能成功締造創造財富的傳奇。

擺脫舊思維是成功的「黃金法則」

不斷的創新才是企業成功的法寶。一個傑出的組織需要不斷補充新血，否則很容易使企業停滯不前、缺乏生機和活力。

爲什麼身在高位的人常常對變化視若無睹呢？

其實，原因很簡單，這些人只是被慣用的方法蒙蔽了，只有當狀況發生時，他們才會突然醒悟。所以，對環境的變化時時保持警覺、不斷的創新，才是企業成功的法寶。

一九〇二年春季的一個早上，吉姆．彭尼的雜貨店開張了。它坐落於美國俄亥俄州西南角的邊境城鎮內，名字叫「黃金法則」，吉姆．彭尼之所以取這樣的店名，是因爲他的父親常常根據《聖經》戒律，向他提出告誡：「你怎樣待別人，別人就會怎樣待你。」

開業前，年輕的吉姆．彭尼在鎮上大發傳單。開業當天，他的店一直營業到深夜，銷售額遠遠超出他的想像。就這樣辛勤地做了一年，小店的營業額居然達到兩萬八千多美元。

彭尼曾對店面進行個性化的設計，把所有的商品都擺在櫃檯上，這樣顧客既可以看見，又可以摸到；而且彭尼還提供退貨服務，如果顧客對買回去的商品不滿意，可以如數退回，並取回貨款。

彭尼並不滿足於只開一家店，慢慢的，他開始計劃開設分店。到一九一〇年，他的商店名稱由「黃金法則」更改爲J．C．彭尼公司。這時，他的連鎖商店已發展到二十六家之多，分佈在西郊的六個區。但他依舊保持著傳統，以盡可能低廉的價格，提供給顧客貨眞價實的商品。

正是這樣的經營方式，儘管商品的價格低，公司卻仍可獲利。當然，彭尼爲這些分店所選取的地點也是他成功的一大因素。它們全都設在一些小城鎮中，因爲這裡不像大城市那樣的激烈競爭，因此，他僅用三十年時間，就把分店數量擴充到了一千五百家。

即使彭尼的公司獲得了如此巨大的成就，並且在美國中部奠定了堅定的基礎，但到了五〇年代，由於社會的不斷進步和發展，他的公司還是出現了一些小狀況。西爾斯公司是個不斷進取、並具有高效率的大型企業。彭尼公司在與它的銷售額做過比對後，發現自己竟然差了一大截。

分析原因後，彭尼才得知，由於自己的合夥人一直抱著保守態度，導致彭尼公司遲遲未能跟著時代進步做調整，他們仍固守著創業時的傳統，保持「一手交錢，一手交貨」的做法。當然，他以前採取的低價位、高品質等銷售手段，還是頗受大眾滿意的。

由於固守傳統，產品種類的多樣化及更新速度都被耽擱了，所以到了六〇年代，他的公司仍只侷限在經營紡織品和服裝上。像家用電器、家具、汽車零

件……等領域卻從未涉及，而這些產品卻早已成爲西爾斯和沃爾瑪公司經營範圍的一部分了。還有一個問題是，大多數的彭尼商店位於一些人口較少的小地方，因此對它的業績提升也有不小的負面影響。

所以，舊政策的更新是相當急切且必要的。

一九五七年，彭尼公司的一位總經理助理威廉．M．巴滕，給董事會寫了一份建議報告，這份建議報告對彭尼公司後來的發展產生了深遠而巨大的影響，而且在現代企業史上，也算是一份意義深遠的報告。

進入五〇年代後，在一些大城市中，民衆的平均收入已顯著提高，因此消費項目已不只是那些滿足生活必需的日用品，相形之下，時髦的商品變得非常重要，而這些正是彭尼公司所缺少的貨品。

在建議報告裡，威廉設計了一個幾乎完全電腦化的系統。原來彭尼公司所從事的信貸業務，需要三十七個中心來爲全部的商店服務，但使用了ＩＢＭ電腦之後，只要建立十四個地區性的信貸辦公室就行了。

到一九六二年，彭尼公司所有的分店都提供了消費者信貸業務。一九六四年，從五百多萬個經常收支帳戶中，所獲得的收入已高達六億美元。

此外，彭尼公司同時開闢了多元化經營的領域。它邁出的第一步，就是經營高級婦女時裝、家具和皮革製品，多元化的經營正式步上軌道。其他一些多樣化的經營，諸如藥房、超級市場等，也在建設執行當中。

一九六八年，彭尼公司開始向海外發展分支機構。保守的政策完全摒棄了，如今的彭尼公司正以充滿生機的姿態，昂首向前快速發展著。尤其在最近的十五年裡，彭尼公司的發展更是勢不可擋，已和西爾斯公司並駕齊驅了。

彭尼公司早年的政策，在當時確實是有效的，然而隨著時間的流逝，有些政策已不能適應新的環境，必須做更新和改革，才能跟上時代的潮流。

值得我們深思的是，一個企業如果沒有新血的加入，那麼企業該如何發展呢？沒有新的思維，甚至沒有外部人員「破壞性」的影響，舊的政策將很可能

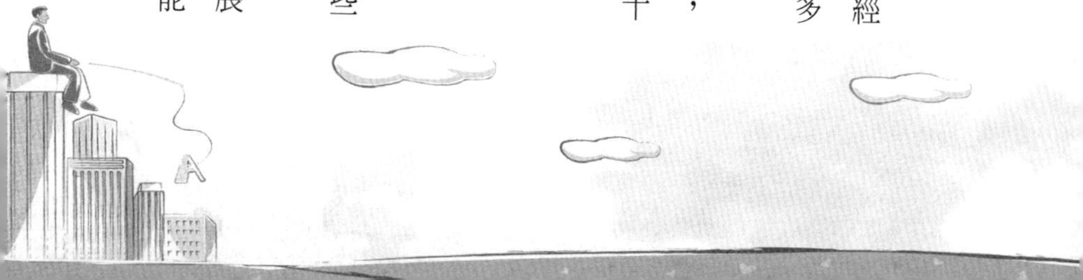

一直存在，那麼創新將無法實現。

一個企業若要進行改革，那麼首要之務，就是對外界的發展趨勢有所瞭解，並做出正確的認識。因此，一個負責長期計劃的人員將有助於管理、瞭解環境，並提供進行變革時所需瞭解的資訊。最重要的是，必須保持敏銳的觀察，如此才能對業界的變化做出最迅速、精確的判斷。

彭尼公司的例子使我們明白，一個傑出的組織需要不斷補充新血，否則很容易使企業停滯不前、缺乏生機和活力。

如果能一方面從機構內部，提拔優秀人才擔任公司的領導者，另外又從從外部招募一部分精明能幹的人加入組織，充分發揮特殊的才能和經驗，公司才會有意想不到的發展。

包裝決定產品的賣相

沒有人不喜歡美的事物，因此真正能刺激消費的產品，從實體包裝到廣告行銷的包裝，每一個環節都不能輕忽。

從行銷角度來看，「包裝」是廣告行銷中最重要的部份，甚至比產品本身還要重要。因爲，它掌控的正是消費者的「第一印象」。

只要有了成功的包裝，行銷就會事半功倍，商品一出現消費者眼前，便能早別人一步搶得勝利的先機。

在日本，有一間陶瓷工廠生產製造出十八種蓮花茶具，雖然質量皆屬上乘，價格也十分合理，但是不知道爲什麼，銷路一直無法有效突破。

這天，森上老闆來到一間專賣瓷器的展售地點調查，仔細觀察了一天，總算讓他找出了原因。

原來，問題出在「包裝」設計上，雖然他們出產的陶瓷器品質極優，但是放在其他包裝精美的瓷器邊，這些只用普通紙盒包裝的蓮花茶具立即被比了下去。每當顧客走到茶具賣場前，很少有人願意拿起蓮花茶具，因爲旁邊包裝精美且價格相近的瓷器立即搶走了它們的風采。

事實上，他曾經好幾次上前對顧客們推薦：「這款蓮花茶具品質很好，你們何不參考看看？」

但是，幾乎所有消費者都這麼回答：「真的嗎？但是它的包裝看起來像劣質貨，就算品質真的很好，可是包裝這麼粗糙，送人實在很不好意思！」

森上老闆聽到這個答案，仔細地觀察著所有器具的包裝設計，發現自家產品的包裝果然是最糟的。於是，他立即回收所有的產品，另請藝術家特別爲這款蓮花茶具設計包裝。

不久，蓮花茶具再度出現賣場，這一次消費者紛紛被吸引，而其中關鍵正是這個包裝設計。這個充分展現出藝術氣息的包裝，更加突顯出蓮花茶具的質感與美感。

顧客們的目光完全被這個組合所吸引，買氣果然直線上升，甚至連森上老闆偷偷地提高了價格，人氣指數也絲毫不受影響。

有好的想法 要有聰明的做法

形象包裝的年代向著我們所有的人而來，一項產品如果不能挑動顧客的視覺，那麼就注定會被淘汰出局。

其實，最高明的行銷藝術，就是不斷想辦法讓顧客有物超所值的感受，不斷地讓顧客只在乎自己所買產品的價值，而不在乎價格；必須切記，兩個同樣的產品，會隨著你賦予它們不同的附加價值，而產生不同價格。

我們常說「門面」很重要，因爲那是人們評價我們的第一印象。如果門面雜亂無章或是不修邊幅，那麼不管我們的實力有多紮實，大多數的面試官還是會在評分紙上下寫「不及格」。

從這個角度來看行銷，想必更能了解包裝的重要性。從自己的消費行爲中反省，看見包裝精美或行銷突出的產品，你是否經常忍不住掏錢消費呢？

從消費心理的角度來研究，沒有人不喜歡美的事物，因此眞正能刺激消費的產品，從實體包裝到廣告行銷的包裝，每一個環節都不能輕忽。很多時候消費者的感官直接受到產品包裝的吸引，甚至連產品本身都忘了深究，也管不了自己是否需要，便毫不考慮地掏錢買下呢！

當然，成功的步驟每一步都不能輕忽，不論是產品品質到行銷包裝，甚至是售後服務，每一個環節都要照顧仔細，面面俱到。因爲，行銷要追求的不僅是一時的熱賣，更要讓消費者從此對自己的產品「情有獨鍾」！

用最低的成本獲得最高的利潤

成功的人都會不斷設定較高的標準，以最低成本獲得最高收益。

「最大的成功」都是屬於那些把事情做得更好的人。

保守的思想是創新的勁敵，會使你的靈感枯竭、喪失動力，會嚴重阻礙你繼續前進，干擾你進一步的發展。

不過，別放棄，開發創意的方法很多，以下分別加以介紹：

一、要接受各種新想法，把「絕不可能」、「辦不到」、「根本沒用」這些觀念全都拋諸腦後！想要表現出色的人必須牢記：不但要使自己精明幹練，也要不斷吸收創意，把自己當成一塊海綿，盡全力地吸取所有新穎的創見。

二、要有實踐精神，拋棄固有的壞習慣，儘量嘗試閱讀新的書籍、結交新的朋友、或是走一條與平常上班不同的路線等等。假設你做的是銷售工作，那麼不妨試著培養一下對生產經營、行銷廣告、財務會計等方面的興趣。如此，你的視野才會擴展，才能爲你將來所能擔當的重大職責，做好準備。

三、要勇於主動前進，而不該被動畏縮；在前進的道路上應該思索的是：「怎樣才能做得比現在更好？」

你必須具備的智慧

有一位年輕女性以三千五百美元的資金創業，拓展到擁有四家店面，一共花了四年的時間。在她的第五家新店開幕之時，有位激勵大師前去向她祝賀，並問她如何達成的。

那女孩回答：「我下了不少功夫，但並非單靠早起與加班，我的成功主要來自於制定的『每周改良計劃』。其實這也沒什麼，它只是有助於我每過一周，就把工作做得更好罷了。」

她指出：「每周一晚上，我都要用四小時審查一遍我的所有構想，並考慮如何將它們應用在業務上。」

她還提出最初三個店鋪獲得成功的創新行動，例如變換商品的陳列方式、實施「信用計劃」，使顧客能夠延期付款……等等，這樣做使她即使在淡季之時，仍可以賺很多錢。

這個女孩說：「相信我，我的『每周改良計劃』眞的非常有效。除此以外，我還領會到一套有關成功的理論，我想每一個商人都應該知道這些。」

「那是什麼呢？」

「那就是，你最初知道多少並不重要，最重要的是，你創業後學到哪些東西，及如何應用它。」

彼得．杜拉克曾經在《成效管理》書中寫道：「不斷地問顧客：『在我們為你做的事情中，有那些是其他人沒有為你做過的』。」

雖然，這種方法，並不能保證你一定可以從對方的口中得到滿意的答案，有時候，所獲得的答案，甚至會無厘頭地到讓你一頭霧水，但只要你肯用腦袋去仔細分析每一個答案，你將會發現，這些答案其實可做爲自己該用什麼方法，讓消費者願意花錢的重要依據。

進步本身就是一種收穫，成功的人都會不斷爲自己和別人，設定較高的標準，不斷尋求提高效率的各種方法，以最低成本獲得最高收益。「最大的成功」，都是屬於那些有「我能把事情做得更好」的態度的人。

PART 3

想要成功，就必須與眾不同

皮爾・卡登是法國十大富翁之一。
他的成功典範，無疑告訴我們，
「創新」，才是進步以及致富的捷徑！

世界上永遠沒有過時的東西

自然裡的規則本就相通，沒有任何物件會是過時的，包括思維在內，所以，只要你能想得出來，就一定能做到。

大多數人在汰舊換新時，總是以丟棄為方法，其實，倘若我們能動一動腦，因應時代所需，把自己用心思考出來的創意加入，舊東西也能成為讓自己賺大錢的新產品。

你必須具備的智慧

日本企業家西村金助，年輕時很愛看書，又愛動腦。

有一天，他偶然間閱讀到一本創造力方面的書，作者在書裡說道：「世界上永遠沒有所謂過時的東西，比如馬匹，雖然喪失了原本的運輸的功能，但是，後來又以賽馬的娛樂面貌出現。」

閱讀到這段話，西村深深受到啓發，心裡不斷想著：「在我的生活周遭，還有什麼過時的東西，能賦予新的功能呢？」

某天，他到一位朋友家拜訪，發現客廳擺著一個舊沙漏。朋友告訴他，這本來是家裡的計時工具，但是自從有了鐘錶之後，這個沙漏就被淘汰了。

後來，他看見朋友一邊打電話，一邊不時地看著手錶，這個情況，讓他心中頓時有了靈感。他心裡想：「爲什麼不用沙漏來限時呢？如果能夠做個限時三分鐘的沙漏，把它放在電話機旁，這樣一來不就可以輕鬆地控制自己的通話時間了嗎？」

於是，西村金助回家後馬上開始進行「限時沙漏」的設計，他在沙漏兩端嵌上一個精緻的小木板，再接上一個銅鏈，然後用螺絲釘固定在電話機旁。

如此一來，不打電話時，沙漏可以作爲桌上的裝飾品，撥電話時，便成了

一個方便的計時器。

沒想到過時的沙漏，經過西村一番改造，竟巧妙地變成計時器，一上市便銷售一空，平均每個月可銷售三萬個左右。

有好的想法 要有聰明的做法

對於一個懂得發揮創意的人來說，除了「創意來自生活」的名言外，還有一句話也是他們尋找創意的重點，那是「世上永遠沒有過時的東西」，西村金助設計的沙漏計時器便是最好的例子。

從電視節目中、或報章雜誌裡，我們經常會發現，許多被丟棄了的事物，總是能在充滿創意的人手中重新賦予新生命，這不只是物件本身的重生，也是一種惜福觀念的建立。

自然裡的規則本就相通，沒有任何物件會是過時的，包括思維在內，只要你能想得出來，就一定能做到。

別讓未來停在想像的框框

知道自己想做什麼，也要懂得努力去實踐，就算經常要重新開始，只要有決心，每一個變動都會是美夢成真的實現。

為什麼許多人像無頭蒼蠅一樣到處亂竄，一直找不到自己的未來呢？其實，不是他沒有未來，而是他不知道自己想要什麼樣的未來，或者是知道了卻只停留在「想」的方框裡一動也不動。

不想動或不敢動的人，自然不會有什麼成就，最終只能眼睜睜看著別人成功致富，自己則停在原地踏步。

財經作家麥克．史坦哈特曾經寫道：「如果想要投資致富，有時候需要具

備孤注一擲的氣魄與膽識。」

其實，即使是最保守的投資行為，還是隱藏著不可預知的風險，所有的商業行為，基本上都是博弈行為，但是，有錢人會看到風險後面的龐大商機，至於沒錢人，卻只會看到商機前面的巨大風險。

你必須具備的智慧

美國運輸業巨頭科尼里斯·范德比爾，之所以能成為叱吒商界的名人，在於及早從輪船航運中發現自己的成功機會。

當他看到航運業欣欣向榮之時，內心便相信，自己一定能在這方面有所發展，於是，他毫不猶豫地放棄當時蒸蒸日上的事業，到一艘汽船上，做個年薪只有一千美元的船長。

他的決定讓家人和朋友們大吃一驚，但是，他不顧大家的反對，仍決心要在航運業取得非凡的成就。

雖然，當時早已有人拿到紐約航行的通行專利，壟斷整個航運業，但范德比爾認爲，這項法令並不符合美國憲法公平競爭的精神。

他一再聯合其他業者，要求取消這個法令，最後終於獲得成功，不久之後，他也擁有了第一艘屬於自己的汽船。

當時，美國政府爲了處理往來歐洲的郵件，得付出大筆的補貼經費，范德比爾爲了提升自己的影響力，便自告奮勇，表示願意提供免費運送郵件的服務。這個要求很快地就得到了聯邦政府的回應，於是范德比爾開始打著「政府郵務委託公司」的名號，經營他的客運與貨運。

當他的航運事業日正當中時刻，他又發現，像美國這麼一個地域遼闊的地方，人口如此之多，將來在鐵路運輸方面一定也大有可爲。

於是，他又積極地投入鐵路事業中，以蠶食鯨吞的手法建立了四通八達的范德比爾鐵路運輸網，奠定了事業上堅實的基礎。

聰明的人總是眼光遠大，不會被事物的表面現象迷惑。

其實，范德比爾的人生觀很簡單，只有兩個重點，一是「知道自己在做什麼，也知道自己想要什麼」，二是「努力實踐自己的理念」。

許多正在尋找工作的人，也往往只會埋頭找工作，盲目傳送個人的履歷資料，一旦問到什麼才是他最想要的，恐怕一半以上都會搖頭說：「不知道」，既不知道自己的人生方向，也不願努力證明自己的價值。

也許有人會說，范德比爾根本是三心兩意，但是，他的每一項「三心兩意」卻也都有所成就。

所以，知道自己想做什麼，也要懂得努力去實踐，就算經常要重新開始，只要有決心，每一個變動都會是美夢成眞的實現。

如何讓自己成為下一個成功者

創意對於一個成功者來說，是十分重要的，但創意並不是每個人都會遇到的，它喜歡接近那些勤於思考的人、善於觀察的人。

深具影響力的投資理財專家Ｌ．科比爾曾經說過：「人類真正的差別就在腦力，具備超人的腦力，加上無法撼動的決心，造就了一個人的成功。」

不要小看自己無意中產生的想法，因爲有了好的想法，只要加上努力，就等於成功。

機會是可遇而不可求的，一旦機會出現了，就要牢牢抓住它，否則成功只會與擦身而過。安全刀片大王吉列的成功，就是一個很好的範例。

吉列在發明刀片之前，在一家瓶蓋公司當推銷員。二十年來，他始終過著節衣縮食的日子，將省下來的錢全花費在發明研究中，但是仍然一事無成。

一九八五年，吉列到保斯頓市出差時，因爲第二天早上起床較晚，匆忙刮鬍子之時將嘴刮傷了。這個意外讓吉列開始思索：「要是發明一種不容易傷皮膚的刀子，那該多好啊，那一定會大受歡迎的。」於是，他開始著手這項研究，經過千萬次的試驗以後，吉列終於發明了安全刀片。

在美國佛羅里達州，有一個名叫辛普曼的窮畫家。他的畫具非常簡單，只有一枝削得很短的鉛筆。

由於他常常花時間在找尋橡皮擦與筆，爲防止再發生這種情況，後來他想出了一個好辦法，用一小塊薄鐵片，把橡皮擦與鉛筆包在一起。果然，這個方法相當管用，爲辛普曼作畫帶來了很大的方便。

後來，他爲這項小發明申請了專利，並賣給一家鉛筆公司，因此獲得了五十五萬美元的報酬，從此他的生活得到很大改善。

愛溜冰的查克，是紐約當地一名普通的公務員。因爲冬天的紐約到處都結冰了，所以只要他一有空，就會到戶外去溜冰。但是一到夏天，他就不能溜了，因此常常感到很無聊。

雖然在紐約有室內溜冰場，但是要花很多錢，這對查克來說十分不方便，因爲他是一個普通的公務員，收入非常有限，不能經常去室內溜冰場，只好呆在家裡。

有一天，突然他的腦海中產生了一種念頭：「若是在鞋子底下安裝輪子，不就能夠代替冰鞋了？這麼一來，普通平坦的路也能夠當作冰場了。」

於是，他決定與朋友合開一家製造roller-skate的小工廠。令他難以置信的是，產品剛投入市場，就受到人們普遍的歡迎，並逐漸擴大銷售圈，最後被全世界的人們接受，並成爲十分暢銷的商品。

許多世界級富豪的成功經驗都告訴我們，致富的秘訣其實極爲簡單，而且容易執行，然而，世上也存在著一個簡單的道理，那就是「沒有不勞而獲的事」，尤其是不肯動腦的人，註定一事無成。

如果不肯動腦就想成功致富，無疑是自欺欺人的做法，只不過是滿足自己的幻想，如果你沒有任何創造性的想法和聰明的做法，永遠也不會發財。

由以上這些例子可以得知，發財致富的創意對於一個成功者來說，是十分重要的資產，但創意並不是每個人都會遇到的，它喜歡接近那些勤於思考的人、善於觀察的人。

所以，對生活多加留神吧，只要動腦思考的習慣，細心觀察，下一個成功者很可能就是你！

逆境，正是通往成功的階梯

人生是自己的，唯有你才能掌控自己的命運，只要肯努力，我們所跨出的每一個步伐，一定都能邁向成功的目標。

每個人身上都有兩種力量，一種是向上躍昇的創造力，使人在面對逆境的時候，仍然咬緊牙關勇往直前。另一種則是向下拖陷的破壞力，使人在遭遇困境時放棄自己，墮落成一個可有可無的卑微人物。

你必須具備的智慧

美國總統亨利．威爾遜，出生在一個很貧困的家庭。雖然，他的父母親都

非常努力工作，但一家人的生活，總是處在衣食匱乏的情況下。

十歲的時候，威爾遜離開了家鄉，到外地當了十一年的學徒。在當學徒的期間，每年他只有一個月的時間可以上課學習，儘管機會不多，但每一次學習的機會他都非常珍惜、努力。

經歷了十一年的學徒生活後，在他離職前，老闆送了一頭牛和六隻綿羊給他，作為十一年來的報酬，後來威爾遜便把牠們換成八十四塊美元。

威爾遜把每一塊錢都存了下來，從來沒有花費任何一毛錢去享樂。

二十一歲時，威爾遜帶領著一隊伐木工人，來到人跡罕至的森林裡，砍伐樹木。每天清晨，他都得在第一道曙光出現之前來到樹林，然後勤奮地工作到天黑為止。如此日以繼夜地辛苦工作，他總共才獲得了六塊美元的微薄報酬，但這對他來說，已經是一筆大數目了。

在這麼窮困的環境中，威爾遜從不灰心洩氣，他下定決心，絕對不讓任何學習或提升自我的機會溜走，因此，所有零碎的時間都被他化整為零，緊緊捉住。一有時間，他便不斷地充實自己，提升自己的能力，隨時準備迎接即將出現的任何機會。也因此，他最後成功了。

置身知識經濟年代，僅僅擁有知識和想法是不夠的，還必須擁有行動力，無畏無懼地勇敢追求自己的夢想。

必須正面挑戰，留意身邊的每一個機會，積極爲自己創造機會。

生活的種種痛苦與磨難，是人生擺脫貧窮，走向富足的契機。

逆境對威爾遜而言，正是他成功的階梯，生活再艱困，都無法阻擋他掌握自己命運的信心，因此，他珍惜自己靠勞力賺來的微薄金錢，也懂得運用寶貴時間努力充實自己。

威爾遜從窮家子弟爬升到總統的位置，無疑告訴我們：人生是自己的，唯有你才能掌控自己的命運，只要肯努力，我們所跨出的每一個步伐，一定都能邁向成功的目標。

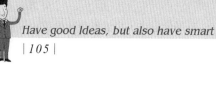

別提前宣判自己死刑

看一看外面的世界，你會發現，原來有人比你更加悲慘，但他們都能走過來了，你又有何不能？

你必須具備的智慧

身陷逆境的時候，別提前宣判自己死刑。

應該讓自己的心境保持平靜，讓自己的頭腦保持清醒，如此才不會被負面情緒侵噬，也才能看清成功的機會，不致於淪爲卑微猥瑣的人。

一個又一個接踵而至的意外，令波特遭受到前所未有的打擊，由他一手創辦的工廠，最後也宣告破產了。

窮困潦倒的波特不但身無分文，還欠了一屁股債，更現實的是，自從陷入困境以後，許多朋友都紛紛離他遠去。

一直把事業視爲生命的波特，覺得人生所有的希望都破滅了，對於生活也失去了動力。心灰意冷的他，決定要以死亡做爲了結。但是，在結束一切之前，他卻想完成一趟旅遊。

在選定自殺日期後，波特便開始了這趟「自殺之旅」。

然而，當他來到薩倫船舶博物館參觀時，他忽然從灰暗的情緒中醒悟，決定放棄自殺的念頭。

爲什麼會有這麼大的轉變呢？

原來，波特在船舶博物館裡，看到一艘外殼凹凸不平、船體完全變形的帆船，心中產生了激勵作用。

他讀著一旁的解說文字，才明瞭這是一艘屬於荷蘭福勒船舶公司的帆船，

它在一八九四年下水後，不僅在大西洋上經歷了一百三十八次的冰山撞擊，還觸礁了一百一十六次，而且還曾經著火十三次，遇上二十七次的暴風雨。

雖然，它經歷了這麼多不可思議的險境，但它卻沒有沉沒，依然呈現在人們的眼前，展示它另一番生命的韌性。

仔細讀著這些紀錄，波特的心中激起了振奮，他對自己說：「生活本來就會遇到許多意想不到的災難，我才剛遇到人生的第一趟災難，怎麼能這麼快就被擊垮了？我一定要堅持下去，重新再站起來，我一定能再創成功的奇蹟！」

回到家後，波特重振旗鼓，開始嶄新的人生與事業。

幾年後，波特面對卓然有成的工廠，感性地對著旗下上千名員工說：「人生就像大海中航行的船，難免會遇到風浪，只要我們能在逆境中堅持，不斷開拓前進，成功一定是我們的。」

渴望成功致富之際，你必須妥善選擇自己能力所及，可以充分發揮才華的行業，並且謹慎選擇能夠幫助自己致富的奮鬥夥伴；選定對自己有利的起跑點，即使遭遇失敗也要咬緊牙關，最後才能如願成功。

沒有什麼事比動不動就要放棄更加愚蠢的了。遇到難題時，只知道坐以待斃，不肯找出解決的方法，這是最不值得被同情的行爲。

放棄，充其量只是一種逃避行爲，完全不是解決的方法。

近來，許多人因爲失業，因爲生活的壓力，紛紛把自己與世隔離，自陷於封閉思維中，或是親手掐著自己的脖子，卻又露出哀求的眼神，要別人爲他解開。但是，自己都不肯幫自己了，旁觀者要怎麼幫忙？

就算有人伸出援手，但是，架在脖子上的雙手，往往越掐越緊。

天助自助者，當你悶得透不過氣時，出去走走吧！

看一看外面的世界，你會發現，原來有人比你更加悲慘，但他們都能走過來了，你又有何不能？

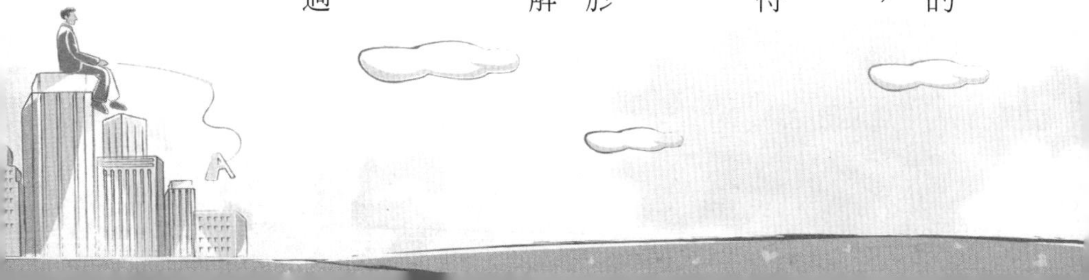

發財的創意就在生活細節當中

以開放的心胸和態度，接納生活中的任何變化，那麼你會發現，發財致富的創意就存在這些不起眼的小細節中。

奇異公司始終使用一句口號來激勵員工，那就是：「進步本身，就是公司的一項重要的產品。」

你是否也希望自己可以更進步，更快發財致富呢？以下的練習或許能夠給你一些幫助。每天工作前，花十分鐘想一下：「今天我要怎樣才能把工作做好呢？我怎樣能使工作更有效率呢？」

這項練習儘管簡單，但卻很有效果。你認爲能做多少，你就能做多少。你

若眞的相信自己能做到更多，你就能做出更多的事。

你必須具備的智慧

爲了迎合消費者的喜好，許多優秀的公司都會投入大筆資金，來分析消費者的心理需求、諮詢關於產品的品質、包裝等方面的看法。進行這項練習，你的耳朵會輸入許多資料，然後你的大腦會將之轉化爲創造力。我們雖不能從這樣的發問中學到什麼東西，但它卻給我們帶來了創造的源泉。

一個人身份、地位越高，就越能把「鼓勵他人說話」的藝術掌握得越好。大人物擅長「聽」別人說話，小人物則愛「搶」人家的話。

在你制定各種決策之前，所需的「原料」，其實都是從別人那裡借來或「偷」來的。當然，不要奢望有現成的結果送到你手中，別人的想法只能給你啓示，而你的創造力還得靠你自己發揮才行。

此外，想要致富，還要懂得把握投資良機。

有一個油漆生產公司的會計，曾經說過他的一段經歷。他說，從前自己對房地產不感興趣，但有一次，在一個朋友家的聚會中，結識了一位德高望重的老先生，對他談了一些二十年後可能發生的問題，並對那時的經濟狀況，做了很詳盡的預測和分析。

他的這番話頗令這個年輕人震動，於是，他開始研究「怎樣根據這個去賺錢」。首先，他在離市區二十二哩處買下一塊荒地，然後在那裡種了好多樹，他深信，幾年後這裡將會林木蔥鬱。後來，他果然在這片土地上賺了不少錢，成了令人羨慕的富豪。

有好的想法 要有聰明的做法

國際知名的歷史學家丹尼爾．布爾史坦接受《美國新聞與世界報導》訪談時說過這麼一段話：「歷史上，打破大眾錯誤觀念的人，往往是冒險嘗試的人。這些人願意冒險去嘗試做大家認為大膽或愚蠢的事情。」

事實上，那些懂得爲自己創造財富的人，大多數也具備這種特質，因爲他們把自己看到的夢想逐一變爲現實。

當你在想辦法增加額外收益時，日常生活中，有許多方法能夠激發你的創意。首先，你可以加入和你所從事的行業有關的團體，定期參加一些聚會，彼此多交換看法，或許你就能在某日的聚會中，忽然獲得一個靈感。

其次，再參加一個你本行以外的團體，這樣會對你有更大的激勵作用。

總之，以開放的心胸和態度，接納生活中的任何變化，那麼你會發現，發財致富的創意就存在這些不起眼的小細節中。

別當「沒出息」的紳士

大錢是從小錢累積而來的，成功沒有捷徑，老是好高騖遠，只想一步登天的人，永遠也沒有成功的機會。

想要成功，不但要具備一些創意與心機，更要突破自己的心理障礙，在不犯法的前提下，勇於嘗試各種可能成功的方法。

成功沒有捷徑，老是好高騖遠，只想一步登天的人，通常沒有什麼智慧，這種人鄙視眼前的機會，因此永遠也沒有成功的機會。

有兩個年輕人大學畢業後偕伴一起去找工作，其中一個是英國人，另一個是猶太人。他們懷抱著成功的希望，決心要找到適合自己發展的工作機會。

有一天，他們一起走在街上，同時看到地上有一枚硬幣，英國青年看也不看地就踩了過去，而猶太青年卻立即彎腰將它撿了起來。

英國青年看見猶太青年的這個舉動，不禁露出鄙夷的神情：「你們猶太人連一枚硬幣也撿，真沒出息！」

但是，猶太青年看著英國青年的背影，心裡卻這麼想：「你們英國人真沒出息，竟然故作瀟灑，讓錢白白從身邊溜走！」

接著，他們同時來到一家公司應徵，這間公司規模很小，工作量卻很大，更重要的是資薪很低。這個英國青年不屑一顧地便走了，而猶太青年卻在評估之後開心地選擇留下。

兩年後，這兩個人在街上重逢，猶太青年已經成了老闆，而英國青年卻還在尋找工作。英國青年帶著妒意，完全無法理解，還忿忿不平地說：「像你這麼沒出息的人，怎麼能這麼快就發達了？」

猶太青年回答說：「因爲，我不像你那樣硬要擺出紳士模樣，也不會毫不在乎地從一枚硬幣上走過去，每一分錢我都非常珍惜，就算只是一個硬幣。像你這樣連一枚硬幣都不要，又怎麼會發財呢？」

有好的想法 要有聰明的做法

英國青年並非不在乎錢，只是眼睛總盯著大錢，對小錢棄如敝屣，忘了大錢是從小錢累積而來，所以，他眼中的大錢永遠是遠在天邊，永遠摸不著邊。英國青年的問題，正是現代人們的通病，他們多數不是爲了追求永久的財富，而是只顧眼前利益。

他們很愛錢，但是也同時忽略了「聚沙成塔」的富翁守則。

猶太青年深諳此理，所以他能看見永久的財富，知道很多大老闆也是從掃地工開始，再多的財富都是從一塊錢開始累積。成功沒有捷徑，老是好高騖遠，只想一步登天的人，永遠也沒有成功的機會。

想要成功，就必須與眾不同

皮爾．卡登的成功典範，無疑告訴我們，若想要成就大事業，除了有好的想法之外，更要有聰明的做法！

很久以前，一個年長的醫生駕著馬車來到一個小鎮。他神秘兮兮偷偷地鑽進一家藥店，和一個年輕的店員秘密商談著一樁買賣。

過了很久，店員跟著醫生走進馬車，抱回一個老式大銅壺，經過一番仔細檢查，他掏出五百美金給了這位醫生，這是他所有的積蓄。

老醫生接著交給店員一張寫有配方的小紙條，這張紙條的價值究竟有多大，這個老醫生自己並不清楚；而這個配方究竟能創造多大奇蹟，這個年輕的店員

也毫無把握。

不久之後，店員遇到一位年輕美麗的少女，並請她品嚐壺中的飲料，少女喝過之後嘖嘖稱讚，後來，這位少女嫁給了這位年輕的店員。更有意思的是，他們用那個老醫生留下的配方生產飲料來賣，居然創造了巨大財富。

這種飲料就是現在風靡全球的可口可樂，而這個年輕店員的行爲，其實就是憑商業直覺所做的投資！

你必須具備的智慧

服裝界的名流皮爾．卡登第一次展出自己設計的衣服時，許多人認爲他的衣服就像喪服一樣，並遭到許多批評和指責。結果，時裝聯合協會把他除名了。但沒多久，當他再返回這個組織時，地位卻大大提高了。

一九五九年，皮爾．卡登異想天開，舉行了一次別開生面的借款產銷，這個行爲使他嚐到失敗。時裝聯合協會對他的舉動深感震驚，再次將他開除。可是三、四年之後，他又一次東山再起，再次被這個組織聘去擔任主席。

就這樣幾起幾落，皮爾．卡登的事業規模越來越大，不僅設計生產童裝、男裝、皮包、鞋子和帽子，而且還生產一些配飾。

此外，他還努力向國外擴張，首先在歐洲、美洲和日本獲得經營許可；一九六八年，他又轉向家具設計，後來又沈溺於烹飪，並且成了世界上首位擁有自己銀行的時裝家。

「皮爾．卡登帝國」從服裝起家，三十年來皮爾．卡登一直是法國時裝界的尖兵。一九八三年，他在巴黎舉行了「活的雕塑」表演，展示了三十年來他所設計的婦女時裝，雖然時序已經過很久了，可是這些時裝仍極具有強韌的生命力，並不會讓人有落後的感覺。

皮爾．卡登在經營時裝的同時，仍然持續地向其他行業擴展。一九八一年，皮爾．卡登以一百五十萬美元從一個英國人手中買下了馬克西姆餐廳，這個舉動又震驚了全巴黎。

這家坐落在巴黎協和廣場的餐廳已經有九十年的歷史，當時，這家餐廳已

瀕臨破產，很多人對皮爾．卡登的這項舉動無法理解，紛紛懷疑這位奇才是否眞有魔力，使這家餐館東山再起。

但是，三年過後，馬克西姆餐廳居然眞的重放異彩，不但恢復了往日的繁榮，而且還擴展到整個世界。馬克西姆不僅在紐約、東京有分店，同時在新加坡、里約熱內盧和北京也可以看到它的蹤跡。皮爾．卡登終於實現了他的諾言：「執法蘭西烹飪、時裝兩大文明的牛耳走向世界。」

皮爾．卡登的事業經過四十多年來不斷地擴充發展，目前他的企業遍佈全球，單單法國就有十七家，全世界一百一十多個國家，總共有五百四十個廠商持有他頒發的生產許可證。

他在全球共有八百四十家代理商，有十八萬員工在爲他生產「卡登牌」或「馬克西姆牌」產品，全盛時期一年的營業額高達一百億法郎。

皮爾．卡登是法國十大富翁之一。他的時裝以大膽突破傳統、深富時代感、充滿青春氣息而聞名於世。

在一九五五年，皮爾．卡登因勇於創新，而被同行排擠出巴黎時裝聯合協會，但是他並沒有因此停止創新的步伐，反而加速了事業的發展腳步。

他的設計別具一格，獨樹一幟，從布料的選用到款式的設計，無不代表著世界的潮流。他設計出的女式服裝，常常因爲樣式新穎、質料柔細，而被巴黎的時髦女士和年輕太太搶購一空，並在巴黎造成轟動。因爲他的設計刻意與衆不同，因此，經常一推出就在法國時裝界刮起了一陣「卡登革命」的旋風。

在銷售方面，皮爾．卡登更是運用多角度、全方位的戰略。從高樓大廈到小小的領帶夾，全部都使用他的名字做商標。其他，諸如時裝、打火機、手錶、地毯、框子、汽車、飛機……幾乎可用來美化生活的東西，都在皮爾．卡登的經營範圍之內。

他的成功典範，無疑告訴我們，若想要成就大事業，除了有好的想法之外，更要有聰明的做法！

經驗是創意的絆腳石

逆向思考的好處在於：不受經驗或常規的束縛，把每個人的想像力和創造力盡可能地發揮出來，從而成為全新的創意。

事業有成的人，並非都是最卓越最有智慧的人，但往往是特立獨行的人。正因爲他們不拘泥於經驗法則，才不致讓經驗變成自己勇往直前的絆腳石。如果你老是在乎別人的觀感，空有滿腦子的想法，卻不敢付諸行動，又如何有所成就呢？

要想讓自己有聰明的做法，就得時時保有創意，擁有旺盛的生命力，從獨特的角度出發，如此才有可能衝破侷限、暢遊無限的廣闊空間。

以前有個紡織廠在生產原料時出現了問題，成品上居然有許多白色小斑點，並因此導致產品銷售不佳，大量積壓在庫房。這時，廠裡的一個設計人員突發奇想，認爲與其如此，倒不如想辦法把這些瑕疵變成裝飾。

於是，他們刻意將小斑點變大，結果一種名叫「雪花飄」的新布料便上市了，並且風行一時。

日本有一家體育用品公司，在經營陷入困境時，也曾採取過這種違反常規的行銷方式，聘請一些非專業人員設計鞋子。

因爲在這些人的觀念中，沒有設計鞋子的各種條框限制，因此可以無限地發揮自己的想像力。結果，一位足球教練，竟設計出當時風靡一時的「慢跑鞋」，並且爲該公司帶來了豐厚的利潤。

投資理財專家彼得．維米萊說：「人唯一的資產就是腦力，但是這個世界上，能夠提昇自己腦力價的人，僅僅佔十分之一，其餘的則不值一提。」

其實，想要結束貧窮，甚至發財致富，並不一定要有財力當強大後盾，重點是你是否擁有別人望塵莫及和無可取代的黃金腦袋。

想在競爭更加劇烈的商業世界脫穎而出，就必須比別人更有創造力。

許許多多的案例都告訴我們，一夕致富的傳奇並非神話，因此總是引人躍躍欲試。但是，很多人前仆後繼地自行創業或是從事高風險投資的時候，都過於相信別人的經驗，而忘記了必須用自己的大腦去面對問題。

經驗經常是創意的絆腳石，過度倚賴別人的經驗只會讓自己受騙。

以上三個例子，都是運用逆向思考而取得成功的典範。因此，若想開創新局就必須擺脫經驗或常規的束縛，把每個人的想像力和創造力盡可能地發揮出來，這樣才能從全新的創意中，找到屬於自己的道路。

PART 4

活用缺點，就能變成賣點

不要老是為了一些芝麻小事動氣，
事情都已經發生了，
不如動腦想想有何解決之道，
或是如何將妥善運用，將缺點變成賣點。

活用巧思創造雙贏

只要有好的想法，所謂的社會效益與經濟利益就能並存，正如這家觀光飯店的「紀念樹」規劃，兼具了建設與行銷。

我們經常會在許多旅遊區裡，發現缺乏公德心的遊客們，在樹上刻下自己的名字作爲紀念。

但是，怎麼沒有人想到，開闢一個能夠讓遊客們種植紀念樹的區域呢？這不僅能解決遊客們的破壞行爲，還能建立起人們對自然環境的尊重。

日本鹿兒島就有一間著名的觀光飯店，曾經別出心裁地推出「紀念樹」，而使得生意更加興隆。

這家飯店剛建成時，臨近有一片光禿禿的山坡地，老闆幾經思考與設計後，決定將它規劃成一座小型休閒公園，打算在裡頭種滿花草樹木，以便美化環境。但是，由於工人們的薪資很高，加上整地、植樹也需要一筆資金，因而這項計劃一直被擱置著，遲遲沒有動工。

有一天，飯店的西村經理，突然想出了一個不必花錢的妙招。他在飯店前貼出了一張顯目的告示，上面寫著：「親愛的旅客，如果您想在此地留下永久的紀念，可以到後山上，種植一株新婚或旅遊的紀念樹，我們只酌收樹苗的成本費。您還可以將自己和親友的姓名，刻在我們免費提供的木牌上，然後立在您親手種植的樹苗身旁，讓您的情誼和樹苗一起茁壯、成長。」

觀光客看到這則告示之後，每個人都非常感興趣，認爲這要比購買紀念品來得有意義多了。

於是，大家紛紛在這裡植下了樹苗，不久山坡地上種滿了各種樹苗，渡蜜月的新婚夫妻，合種下甜蜜的「同心樹」，學生們種下了「友誼之樹」，一家人則種下了「合家歡」的紀念樹……

每一個到此地遊玩的旅客，爲了留下美麗的記憶，個個都非常熱情地參與這項植樹活動。

幾年後，原本光禿禿的山坡地變得綠意盎然、萬紫千紅，飯店不僅從植樹的費用中，獲得了不少經濟效益，更因爲旅客們對自己親手植下的樹苗，有著幾分情感，還會經常回飯店旅遊、居住，爲飯店的永續經營也奠下了基礎，可說是一舉數得。

有好的想法 要有聰明的做法

經濟趨勢專家布萊安．柏金斯曾說，很多流行趨勢會來來去去，但是滿足顧客需求，是絕不會褪流行的基本價值。這些原則在百年前就已經體現，往後即便再過一百年，還是會流行。

想要進行高明的市場行銷，必須先找出當前的環境可以推廣什麼有意義的活動，這些活動既要有創造性，能夠引起消費大眾的共鳴，同時更要有利可圖。

想要推動既富有創造性又有利可圖的活動，就必須講究行銷戰略。

這家旅館推出的「紀念樹」，不僅輕鬆解決山坡地綠化的經費問題，同時也是很有環保概念的創意。

只要有好的想法，所謂的社會效益與經濟利益就能並存，正如這家觀光飯店的「紀念樹」規劃，兼具了建設與行銷。

所以，只要別具巧思，雙腳踩踏的都會是邁向成功、永續經營的未來。

風險多大，成功的機會就有多大

機遇不是平鋪在人們面前的道路，有過度安穩心理的人，常會失掉一次次成功的機會，唯有獨具慧眼，才能抓住稍縱即逝的機會。

冒險與收穫常結伴而行。險中有夷，危中有利，想得到豐碩的成果，就必須承擔風險。如果空有成功的慾望卻又害怕冒險，那麼往往會在關鍵時刻喪失良機，因爲風險總是與機遇聯繫在一起。

風險有多大，成功的機會就有多大。

由貧窮變爲富裕常常需要把握機遇，但機遇不是一條平鋪在人們面前的道路，具有過度安穩心理的人，常會失掉一次次成功的機會，唯有獨具慧眼、敢於冒險的人，才能抓住稍縱即逝的機會。

許多成功的人，並不一定是因爲他比你「會」做，而是因爲他比你「敢」做。石油鉅子哈默就是這樣的一個人。

你必須具備的智慧

一九五六年，五十八歲的哈默斥鉅資購買西方石油公司，開始做石油生意。石油是一個賺錢的行業，也是競爭激烈的行業，因此哈默想要建立的石油王國，無疑是給自己的一個大冒險。

首先要面對的是來源問題。一九六〇年，石油產量佔美國總產量三十八％的德克薩斯州，已被幾家大石油公司控制，哈默無法插手；沙烏地阿拉伯是美國埃克森石油公司的天下，哈默也難以染指。所以，怎樣解決油源問題，是哈默面臨的最大難題。

因此，他冒險地接受了一位年輕地質家的看法：在舊金山以東一片被優士

古石油公司放棄的地區，可能藏有豐富的天然氣資源。

該地質學家建議哈默的西方石油公司把它租下來，哈默千方百計地籌集了一大筆錢，並將全部資金投入這項冒險的計劃中。

雖然當時大家並不看好這項計劃，但哈默仍然執意進行。當鑽到八六〇英尺時，終於鑽出了加利福尼亞州第二大天然氣田，價值在二億美元以上。

有好的想法 要有聰明的做法

金錢是人類抽象的幸福，在每個人的胸中都藏有一種慾望，想要在世間提高自己的地位，以及改善自己目前的境遇，這股慾望使得一般人不得不努力以各種方式挖掘、累積財富。

曾經有經濟學者說，金錢遊戲基本上是有錢人的遊戲，因爲，只有富人才能順利跨越這個遊戲所需的資本門檻。

但是，從另外的角度說，金錢遊戲也是聰明人的遊戲，因爲只有智者懂得從高風險的行動中獲得最高的投資報酬率。

哈默的成功例子告訴我們，風險與利益是成正比的，勇於面對巨大的風險，通常會帶來巨大的利潤。

與其不嘗試，不如嘗試後失敗再說。

不戰而敗是自我放棄的表現，經營者必須要有堅定的毅力，及「拼著失敗也要試試看」的勇氣和膽略，以這樣的氣魄領導員工，才能使企業在冒險中成長、在成長中穩定茁壯。

活用缺點，就能變成賣點

不要老是為了一些芝麻小事動氣，事情都已經發生了，不如動腦想想有何解決之道，或是如何將妥善運用，將缺點變成賣點。

許多名人的成功事蹟中，機遇往往扮演著相當重要的角色。人的一生當中會有許多機遇降臨，只不過，由於機遇通常是由諸多複雜因素交織而成的，所以，不少人在機遇降臨的剎那卻仍然懵懂無知，無法牢牢抓住，白白錯失了成功的機會。

鴻池是日本著名的清酒製造商，然而，他剛開始經商時，只不過是個奔走於大阪和東京間的小商人。據說他之所以能從一個小商販，一舉成為大富豪，有著這麼一段陰錯陽差的傳奇故事。

有一天，鴻池來到酒坊視察工人們的工作情況，沒想到卻讓他發現有個工人正在偷喝米酒，於是他走上前去，狠狠地責罵了這個工人一頓，還了扣他半個月的工錢。但是，這個工人一點也不認為自己有錯，還辯稱他是要試嚐新釀米酒的滋味，老闆實在沒有理由罰扣他的工錢。

鴻池看著這個員工強詞奪理的態度和反應，心想：「這傢伙這麼不老實，不宜讓他繼續留在這裡幫忙。」

於是，他毫不客氣地叫這個工人收拾東西，立即離開酒坊。

這個與僱主發生摩擦的工人，收到解僱的命令後，心中十分惱怒，心眼狹小的他，在臨走前決定要報復鴻池。

於是，他抓了一把火爐的灰燼，偷偷地撒進米酒桶中，當報復的動作一完成，便開心而迅速地離開酒坊。

當時，日本生產的米酒雖然帶點混濁，這工人心想，撒進了火爐灰，那麼米酒會更加混濁，肯定賣不出去了。

但是，事情卻出乎意料之外，隔天鴻池來到放置米酒桶的工作坊查看，卻發現一件從來沒有見過的事。原來，火爐灰已經沉到了酒桶底部，而在沉澱物上層的米酒，卻變得非常澄清透明。

他知道這一定是離職工人幹的好事，不過當他專注地看著桶裡的清酒時，對於工人蓄意報復的惱怒，已然全拋到九霄雲外。因爲，他在轉念間想到，如果能把混濁的米酒變成透明的清酒，一定會非常暢銷。

於是，鴻池立即把爐灰可以澄清酒品的新發現，拿來做開發清酒的研究和實驗。經過多次的改進和試驗，終於他發明了一種高效實用的濁酒清化法，他將這個新酒品命名爲「日本清酒」。

他還推出了這麼一個廣告：「喝杯清酒，交個朋友。」

當清酒上市後，消費者的眼睛爲之一亮，各家餐館、飯店紛紛大量訂購，大家更把這個「日本清酒」視爲宴客時必備的酒品。

這個不甘心被開除的工人肯定沒有想到，這個報復動作，反而幫了鴻池一個大忙，讓他研發出製造清酒的方法而發財致富。

當然，如果鴻池只顧發怒，沒有仔細觀察酒裡的情況，或是沒想到清酒的賣點，那麼他仍然會與發財的機遇擦肩而過。

鴻池發明清酒的故事，無疑告訴我們，應該睜大眼睛看世界，不要老是爲了一些芝麻小事動氣，事情都已經發生了，不如動腦想想有何解決之道，或是如何將妥善運用，將缺點變成賣點。

因爲，也許這將是另一個「弄拙成巧」的奇蹟。

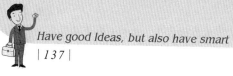

每一次失誤，都是成功的前奏

如何把失誤的懊悔，修正為正確的新方法，其實只需要一點創意與膽識。化被動為主動，有時反而會開創另一個人生的巔峰。

許多正確的結論或是甘美的果實，其實是從不經意的錯誤中獲得的。發生錯誤的時候，明智的人不會光坐著懊惱，而是會積極而樂觀地尋找其他方法加以補救。

威爾．凱洛格年輕的時候，曾在哥哥開設的療養院做雜工。

雖然是親兄弟，但威爾的哥哥約翰卻是個十分吝嗇的人，支付給弟弟的工資非常少。做得很不開心的威爾，不久便離開了哥哥，決定尋找別的出路。

問題是，當他離開後，卻又對自己的前途感到茫然，於是，他再次回到療養院幫忙。有一天，一個陰錯陽差，讓威爾的命運有了重大的變化。

那天晚上，威爾前來協助哥哥試製一種容易消化的新食品。

到了晚上十點，所有的工作人員都已經下班，只剩威爾．凱洛格一個人仍在廚房裡辛苦地工作著。

威爾是個非常有幹勁的人，只要一投入便停不了手，非得把事情做到最好才肯收手。他將麵團放進熱水裡燙，接著再放進鍋裡煮，並從長短不一的烹煮時間裡測驗，以找出最好的效果。他用麵桿將煮好的麵團桿成薄片，並分批堆在一個地方，等著第二天來看成果。

忙碌了一個晚上，不知不覺已經夜深了，威爾匆匆地收拾好工作環境，這才拖著疲憊不堪的身子，離開了廚房。

但是在臨走時，他卻忘了一個被反扣在大盆底下的麵團。

第二天早上，威爾一醒來便想起了這個失誤，連忙趕到廚房。他揭開了大盆，拿來了麵桿，想試著救回這個麵團，不料才捉起這個麵團，便在手上捏碎了。原來，過了夜的麵團受了潮氣，所以一拾就碎，無法再使用了。威爾不敢將此事告訴哥哥，卻也不敢將已經碎掉的麵片扔掉。於是，他偷偷地將這些碎片煮了一點，試試還有沒有辦法補救。

就在他品嚐過後，發現味道和過去的麵片完全不同，沒有嚐過這種滋味的威爾，以為是自己的味覺出了狀況，一時間也想不出問題所在。

這時，哥哥忽然走了進來，催促著威爾快把麵片煮好，送去給病人們。

威爾看著剛煮好的新麵片，雖然無法吃出和過去的食材有何不同，但是口感還不錯，所以他便壯了膽子，將碎麵片煮好送給病人們品嚐。

不料，所有病人吃過這個碎麵片後，居然個個讚不絕口，哥哥對此事也感到奇怪，一再逼問弟弟究竟在麵片裡放了什麼東西，威爾不得已，只好說出事情的眞相。於是，他們便將新發明出來的食品稱之為「麥片」。

不久，他們更將這個麥片食品推銷至市場上，從此「威爾麥片」便成了美國人生活上必備的健康食品，他們兄弟倆也繼續研究，開發出大麥片、燕麥片、玉米片……等新的健康食品。

有好的想法 要有聰明的做法

「有心栽花花不開，無意插柳柳成蔭」，這正是威爾兄弟的寫照。

如何把失誤的懊悔，修正爲正確的新方法，其實只需要一點創意與膽識。就像威爾一樣，只要化被動爲主動，積極地扭轉乾坤，有時反而會爲自己開創另一個人生的巔峰。

現在的你正敲著腦袋，對自己發生的失誤感到懊惱嗎？

歇一會兒吧！喝一口「威爾麥片」，將失誤重頭到尾想一遍，讓腦筋轉個彎，相信就算你無法發現另一個創意的奇蹟，至少也能理解，當下次遇到同樣的狀況，應當如何妥善面對，才能把事情處理得更好，不致於重蹈覆轍。

成功和失敗都不可能單獨存在

日本作家松本順寫道：「失敗永遠是使人奮發向上的跳板，只有這樣認識失敗，而又能努力不懈的人，才是前途光明的人。」

每當一個人有所得的時候，同時也必然有所失，相對的，當他遭遇失敗的時候，通常也是站在另一個成功的起點。

你必須具備的智慧

成功和失敗都不可能單獨存在，而是彼此相依相存的。

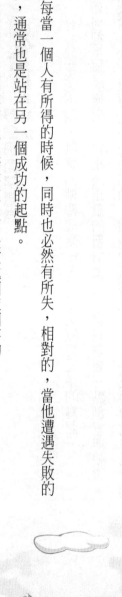

一九三八年，本田宗一郎變賣了所有家當，全心全力投入研發更精良的汽車火星塞。他日以繼夜地工作，累了就倒頭睡在工廠，終日與油污爲伍，一心一意只期望能早日把產品製造出來，好賣給豐田汽車公司。

他全心全力投入，甚至變賣了妻子的首飾，總算產品完成了，並送到豐田公司審核。豐田公司審核品質後，卻評定產品不合格而將它退回。

但是，本田宗一郎並不氣餒，爲了得到更多的相關知識，他重回校園苦修兩年，雖然他的設計經常被老師或同學們嘲笑，但他一點也不以爲苦，咬緊了牙關往自我期許的目標前進，終於在兩年後取得了豐田公司的購買合約，完成他長久以來的心願。

當時，正處於第二次世界大戰期間，日本政府嚴格禁止民間買賣軍需物資，此外，戰爭期間，本田宗一郎的工廠也免不了遭受美國空軍轟炸，還毀掉了大部分的製造設備。不過，本田宗一郎在這樣的困境中，還是毫不灰心地找來一批工人撿拾美軍飛機所丟棄的炸彈碎片，他還戲稱那些是「杜魯門總統送的禮物」，把它們變成本田工廠製造用的材料。

第二次世界大戰結束，日本又遭逢嚴重的汽油短缺，本田宗一郎又想出了新點子，試著把馬達裝在腳踏車上，他知道如果成功了，這樣的新交通工具，大家一定會搶著要。果不其然，他裝了第一部之後就再也沒有停下來了，直到所有的馬達都用光了。

這時他想，不如再開家工廠，專門生產他所發明的摩托車，但是有一個難題，遭逢幾次天災人禍，他手上已經沒有任何資金可以運用。

最後，他想出一個辦法，求助於日本全國十八萬家的腳踏車店，挨家挨戶的解說他的新產品，讓他們明白產品的特色和功能，結果讓他說服了其中的五千家，也湊齊了所需的資金。時到今日，本田汽車已經成了日本最大的汽車製造公司之一，在世界汽車行業也佔有一席之地。本田汽車能有今天的成就，全靠本田宗一郎始終不變的決心和不畏艱難的毅力。

前克萊斯勒汽車公司首席執行長李・艾科卡，以牽領搖搖欲墜的克萊斯勒「反敗爲勝」著稱。他曾經以自己的經驗法則提出成功之道，他說：「如果你想在商業上或是其他領域裡獲得成功，除了集中注意力和掌控自己的時間之外，就是勇敢面對失誤，虛心接受別人的批評，從失敗之中找出成功之鑰。」

是的，李・艾科卡的說法無疑是正確的。一個人面對失敗的態度相當重要，往往只要你改變自己的態度，就能扭轉原本對自己不利的情勢，有錢人和沒錢人的差別就在於面對失敗的態度。

有失敗才會有成功，能成功就一定曾經失敗，這就是成功的定律。

如果你問一個一帆風順的人，是否覺得現在很成功，相信他一定會回答你：「不就這樣，沒什麼好或不好。」

但是，要是你問一問名人們成功致富的過程，相信他們會異口同聲的告訴你：「其實，我也辛苦過好久。」

因爲失敗，你才會懂得珍惜成功，當你知道成功和失敗原來是相輔相成的最佳拍檔，就不會再害怕失敗！

花點小錢，就可以搶佔大市場

多花些心思找方法，市場就會無限寬廣，只要行銷有方，市場終會有你的一席之地。

如何才能打動消費者的心，怎樣才能獨佔市場？

這些都是從事行銷必須認眞思考的課題，但是什麼才是最好的行銷手法，如何才能預見市場的流行？相信這也是從事行銷廣告，或是在商場上戰鬥的人，時刻都在思考的問題。

美國有家專門經銷煤油及煤油爐的公司，創立之時大舉在媒體登廣告，宣傳一些使用煤油爐的好處。

但是廣告推出後，卻一直都沒有進展，他們的產品幾乎無人問津，債款積壓的情況越來越嚴重，眼看公司就要瀕臨絕境。

就在這個存亡關鍵，老闆突然靈機一動，要求全體員工出動，請他們親自前往各個住戶拜訪，並免費贈送煤油爐。

聽到這個消息的職員們，都不知道老闆在想什麼，還有人以爲老闆瘋了，但是，他們仍然依照命令行事。

當住戶們得到免費贈送的煤油爐時，個個開心得不得了，根本沒有人會拒絕。這個消息傳開之後，有些沒有獲贈的住戶，也紛紛打電話給公司，並主動索取煤油爐，倉庫裡的煤油爐一下子就贈送一空了。

由於當時的爐具還未現代化，人們仍然只能用木柴和煤炭生火做飯，煤油爐的優越功能，明顯地方便了家庭主婦們的烹飪生活，而且她們也開始慢慢地仰賴它了。於是，當煤油用完時，主婦們便得親自到市場上去購買，雖然當時

的煤油價格很高，但是大家已經離不開煤油爐了，只得掏腰包購買。

接著，當煤油爐漸漸舊了，他們便得重新買過。

這家煤油爐公司便靠著這種方式完全佔領了市場。

有好的想法 要有聰明的做法

在不確定的環境裡，人的冒險精神是最可貴的。管理理論認爲，克服不確定、資訊不完善的最好方法，就是在團體中找一位富冒險精神的戰略家。

世上沒有絕對可靠的成功之路，因爲各種要素的變化往往令人難以捉摸。因此，要想在商海中自由遨遊，就非要有冒險精神不可，要學會正視冒險的正面意義，把它視之爲致富的必要條件。

在成功人士的眼中，生意本身就是一種挑戰，一種想戰勝他人、贏得勝利的挑戰。在商場上，必須具備強烈的競爭意識，「一旦看準，就要大膽行動」已成爲許多商界成功人士的經驗之談。

煤油爐的成功，打中的正是消費者的心。

多數人會覺得老闆瘋了，如此投資，萬一血本無歸，肯定連翻身的機會都沒有。但是，老闆若沒有這麼做，又如何能建立他的市場？儘管不可思議，卻也造就了一個不凡的奇蹟。

行銷的方法是多元的，或許花小錢推行便可收益成大，也可能要投下巨資才能開拓市場；無論如何，多花些心思找方法，市場就會無限寬廣，只要行銷有方，市場終會有你的一席之地。

朝著夢想中的數字邁進

拉汶夫婦打開了財富的大門，在他們收購了VO-5美髮膏公司後僅三年，公司的資產就增加一百多萬美元。

貧窮和富裕的差別，或許就在於能否應用很簡單的原理。有一個人的親身經歷能夠證明這一點，他就是拉汶。

拉汶本來不過只是一個推銷化妝品的推銷員，在起步階段，他與一個從零起步的人沒有什麼兩樣，同樣面臨著種種的困難。

但是，他願意放下身段，並養成隨時賺錢的習慣，最終累積龐大財富。

拉汶的妻子愛麗絲和他是一對黃金搭檔，一對理想的經營夥伴。他倆首先製造出一種屬於自己公司的化妝品，同時也擔任其他公司的推銷員，這是因爲他們缺乏足夠營業資本的緣故。

他們夫婦倆就這樣開始了致富之路。他們共同遵守的原則是：不斷地生產或出售一種低價必需品，並且提供一種服務；然後把省下來的每一分錢，投資到更大規模的生產中。

由於「需要」刺激著他們不斷地研究、思考和計劃，使得每一分錢都能發揮最大的效用，並且從工作的分分秒秒中取得最大的收益，堅決杜絕所有的浪費。當拉汶不斷地打破舊的業績記錄，創立新的業績高峰時，他不僅累積了財富，同時也成爲這個行業的專家能手。

這段期間，他無意間幫助了一位顧客，後來這位顧客爲了答，向他透露了

一個相當具有價值的商業機密：「生產高級美髮膏VO-5的公司可能要出售了。」這給了拉汶一個絕好的機會。因爲該公司已有十五年歷史，而且生產高級產品，知名度非常高。

拉汶聽到這個消息後便立即行動，當天晚上，他便與該公司的主管洽談，而且進展非常順利。

按照慣例，買賣雙方如果相互不認識，洽談通常會需要幾周或好幾個月的時間來磋商，最後才能取得意見上的一致。

當然也有例外，只要買方或賣方具有良好性格、以及通情達理的態度，便可以去除沒有必要的拖延，大大縮短磋商的時間。而拉汶正好具有這兩種難得的性格，所以在那天夜裡，VO-5公司爽快地答應以四十萬美元的價格，把該公司出售給拉汶。

拉汶的事業在當時顯然已相當穩固，但他還是把省下的每一分錢，繼續投入生產中。所以，在缺乏現金的同時，這筆四十萬的金額對他來說簡直是個天文數字，他是怎麼籌到的呢？

就在那天夜裡，他看到富裕的大門正慢慢地向他打開，但他少了一個必要條件——資金。因此，在第二天一大早，「立即行動」的座右名提醒了他，讓他想到了可行的辦法。

他到銀行去申請貸款，以公司作擔保，並答應五年之後，這個公司必須按一定比例分期償還貸款，以現行利率付息；而且他決定，無論將來發生什麼變動，他都將以公司二十五%的股票，作爲員工的鼓勵獎金。

就這樣拉汶得到了四十萬美元的貸款，並且很快地推銷產品，VO-5美髮膏就在美國和許多國家，開始風行了起來。

對於化妝品製造者來說，每年十二月是一年中銷售最差的月份，不過對拉汶的公司而言卻完全不適用。

在拉汶和愛麗絲接管化妝品公司的一年半後，當年的那個十二月，工廠營業額創造出另一個高峰，金額高達五十七萬多美元。這麼高的業績令同業感到吃驚，此數額等於原來VO-5美髮膏和沖洗劑公司一年的營業額，這不能不說是個驚人的奇蹟。

拉汶夫婦用這個數字打開了財富的大門，並且在他們收購 VO-5 美髮膏公司之後，短短三年內，公司的資產就增加了一百多萬美元。

經濟學家法馬說過：「市場不是抽象的動物，而是眾多投資人做決定的地方，因此，不論你做什麼決定，其實都是跟其他人在打賭。」

的確，所有的投資行爲，即使是保守的投資，多少都含有冒險的成分，所有的商業行爲，基本上都是一種賭博，因此，想要在這個靠腦袋賺錢的時代發財致富，就看你是否具備放手一搏的膽識和智慧，能不能看到風險後面的龐大契機，以及能不能看到機會後面的巨大風險。

由拉汶的例子我們可以發現：優秀的人才，能使工廠獲得最大的利潤；優秀的管理者需具備積極進取的心態，才能掌握每一個可能成功的機會。最重要的是，擁有足夠的資本，才能適時地開創更大的事業版圖。

機會總是出現在轉念之間

沒有人能預料到機會何時會出現，但很多時候，機會只在轉念間，一個轉念，機會便能掌握在手中，一個轉念，也會是個錯過。

想要成爲贏得先機的勝利者，必須讓自己的想法充滿創意，然後選擇最聰明的做法，堅定向目標挺進。無論性格的強化、心境的調整、能力的提升、經驗的累積、人脈的增長、競爭優勢的確立……都是必備的要素。

因爲，生活中，成功的元素總是以隱性基因出現，我們無法從外在的人事物中猜測成功的可能，因此，唯有耐著性子，預設任何機會的可能性，才能從中獲得每一次成功的機遇。

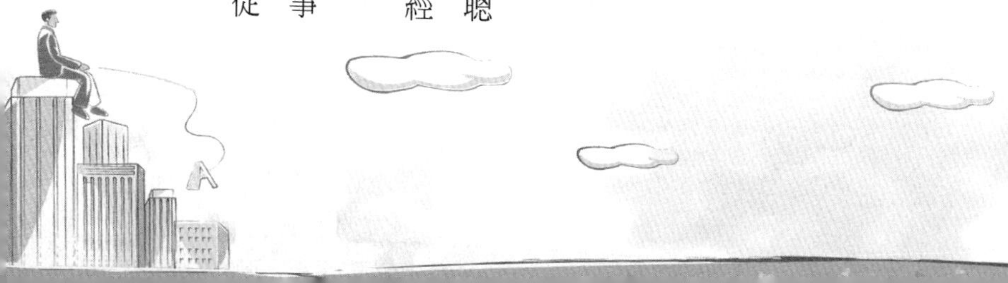

一九九三年一月，世界著名的戴爾電腦公司總裁麥克·戴爾，為了進行跨國合作，和日本新力公司的人員進行了一次重要的會晤。

會談中，他們討論著新力已經發展出來的顯示螢幕、光學磁盤及CD-ROM等多媒體技術。

當會議結束時，戴爾便立刻起身往外走，這時的他只想快點回到酒店休息，因為這幾天密集協商實在太疲勞了。

但是，忽然有個年輕的日本職員，跑到戴爾面前對他說：「戴爾先生，請等一下，我是能源系統部門的人，希望能和您談一談。」

「能源系統？」戴爾心想：「這傢伙該不會想賣發電廠給我吧？」

戴爾當時實在很疲倦，很想出言回絕，但是看到這個年輕人滿臉真誠，於是決定留下來幾分鐘。他說：「好吧！先生，我很有興趣和你談一談。」

於是，這個年輕人拿出了一張又一張的表格，上面寫滿了關於一種新電池的功能，他把這種電池稱爲「鋰電池」。原來，他想把鋰電池賣給戴爾公司，以供戴爾公司的筆記型電腦使用。

明白這個日本職員的目的後，戴爾忽然想起許多使用筆記型電腦的顧客抱怨說，他們很希望筆記型電腦的電池壽命能夠長一點，後來他們也做了實驗，發現鋰電池的蓄電力可以持續四個小時以上。

他目不轉睛地看著這個年輕人，忽然感覺到無限的商機就在眼前，不久，他們便開始合作，而且鋰電池果眞成爲一項突破性的新科技。戴爾公司將鋰電池配備於某些機種中，使得該機種的電池使用壽命超過了所有紀錄。

這項突破使得戴爾公司的筆記型電腦銷售量大增，原本在一九九五年第一季財務報表中，只佔整體收入的百分之二，到了第四季便達到了百分之十四。

經濟學家萊斯特．羅塞說：「在歷史上，二十世紀被認為是集中性競爭的時代，而二十一世紀則被認為是一對一競爭的時代。」

我們以往所了解的競爭滅亡了，但並不意味著競爭已經不存在，實際上，它比以往更加劇烈。想要像戴爾一樣在競爭中獲勝，就必須時時注意出現在自己身邊的機會。

對戴爾來說，這個向他推銷鋰電池的年輕人，無疑是個從天而降的機遇，但當時他若以疲憊爲由加以推辭，非但會錯失了獨佔鰲頭的機會，恐怕還會被競爭對手遠遠拋在腦後。

戴爾電腦公司率先配備鋰電池的機遇告訴我們，沒有人能預料到機會何時會出現，但很多時候，機會只在你的轉念間，一個轉念，機會便能掌握在手中，一個轉念，也會是個錯過。

善用身邊的有效資源

想要在競萬分激烈的社會打勝戰，有時就必須像懂得「草船借箭，巧借東風」之道，只要行銷策劃有方，任何方法皆可靈活運用。

想要比別人更快獲得成功，必須善於運用智慧，捉住迎面而來的契機。一個人如果不懂得運用手頭上的利器，或是放棄眼前寶貴的機會，事過境遷之後，就只有後悔懊惱的份了。

你必須具備的智慧

美國有一個出版商，有一次出版了一批完全滯銷的書，情急之下想起昔日熟稔的朋友現在已經當上總統，便想假借他的影響力進行促銷。於是，他馬上把這本書寄給總統，並且三番兩次打電話詢問總統對這本書的評價。由於總統公務相當繁忙，根本無暇翻閱，便敷衍地對這位朋友說：「這書不錯。」

沒想到，這出版商立即抓住機會，打出了廣告：「這是一本連總統都推薦的好書，欲購請從速。」

廣告一推出，書立刻被搶購一空。

過了幾個月，出版商又想如法炮製，於是再次寄給總統一本新書。當他打電話詢問總統的評價時，總統想起上次的情況，心裡很不高興，便老實不客氣地回言說：「對不起，這本書實在糟透了。」

出版商希望落空當然很不高興，但是腦袋靈活的他，腦筋突然一轉，再次打出這麼一個廣告：「這是一本令總統非常討厭的書。」

只見好奇的人們又開始爭著搶購，一下子書又賣光了。

出版商因爲兩次假借總統之名都賣出了好成績，食髓知味之餘，再次寄了另一本新書給總統。有鑑於前兩次的教訓，總統收到書後完全不作任何答覆，沒想到這古靈精怪的出版商，知道總統拒絕評價之後，又突發奇想，打出了這樣的新廣告：「這是一本連總統都難以下評論的書。」

當然，這本新書再次銷售一空。

有好的想法 要有聰明的做法

或許有人會批評這個出版商的手段未免太過投機取巧，但是，我們也不能否認，他有個靈活轉動的腦袋，所以能掏空讀者的口袋，就算沒有借用總統之名，相信他仍然會有其他銷售的創意。

其實，想要在競爭激烈的社會打勝戰，有時就必須像孔明一樣，懂得「草船借箭，巧借東風」之道，只要行銷策劃有方，任何方法皆可靈活運用。

善用身邊資源的奧妙之處正是在於，它提供了一種開啟財富之門的簡便方法，功能有點像「芝麻開門」，只要你知道通關密語，你就可以像阿里巴巴一樣，坐擁你連做夢都沒想過的龐大財富。

PART 5

改變腦袋，才可能擁有未來

著名的投資理財專家E・葛瑞斯曾說：

「現代人總是在比賽如何快速汰換過時的機器，卻從來不願意設法更新自己的腦袋。」

改變腦袋，才可能擁有未來

著名的投資理財專家E．葛瑞斯曾說：「現代人總是在比賽如何快速汰換過時的機器，卻從來不願意設法更新自己的腦袋。」

你必須具備的智慧

千萬別因爲外在條件的欠缺，而否定自身的能力和向上發展的可能。人最重要的，不是追求形式上的虛勞，而是擁有一顆解決困難的腦袋和腳踏實地的努力精神。

面對全球不景氣，每個人都想找一份穩定的工作，想到大公司任職的人更是擠破了頭。有一次，微軟公司刊登廣告徵求清潔工，失業了一年多的伊格爾也前去碰碰機會。

經過層層口試、面試，以及打掃等實際考核之後，伊格爾好不容易才從數千名應徵者當中脫穎而出。人事部門在告知他這項消息時，請他留下e-mail信箱，以便傳送錄取通知和其他相關文件。

累得滿頭大汗的伊格爾頓時顯得尷尬，回答說：「可是……我沒有個人電腦，也沒有e-mail。」

這個時代竟然還有人沒有e-mail？人事部門的人聽了相當驚訝，語帶歉意地告訴他：「對微軟來說，沒有e-mail的人，就等於是不存在的人，所以很抱歉，我們無法錄用你。」

在考核過程中努力打掃的伊格爾，雖然感到相當失望，但也只能無奈地走出微軟公司。這時，他的口袋裡只剩下十美元，眼看過完今天，明天就要斷糧了，必須趕快想辦法克服生活的窘境。

但是，伊格爾只是個勞工，教育程度不高，在現實環境逼迫下，他只好採取最原始的賺錢方法。

他搭便車到了郊區，走進一戶農家，把身上僅有的十美元全部買了馬鈴薯，然後請好心的農場主人開車送他回到城裡，便開始在自己住家附近挨家挨戶兜售馬鈴薯。兩天之後，伊格爾終於賣光了所有的馬鈴薯，而且算一算，居然還賺了六十美元。

有了這次寶貴的成功經驗，伊格爾不禁信心大增，相信只要肯腳踏實地努力，就一定可以走出自己的道路。於是，他更加認眞地繼續做著類似的生意，不但掙錢養活自己，而且也累積一筆資金。

努力會創造運氣，誠懇實在的作風使得伊格爾的生意越做越大，五年之後，他建立了龐大的「宅配服務公司」，不僅擁有數十部貨車，還聘請了幾十名員工，一起從事新鮮蔬果配送服務。

當然，這時候，爲了拓展業務和加強服務品質，他不但有e-mail，也架設了服務網站，以便收發來自各地的訂單和吸收最新資訊。

著名的投資理財專家E．葛瑞斯曾說：「現代人總是在比賽如何快速汰換過時的機器，卻從來不願意設法更新自己的腦袋。」

的確，很多人都誤以爲如果自己擁有了某些先進的工具，就代表著比別人更成功，能夠獲得更多的收入，因此汲汲於追求工具而忽略了提昇自己的競爭力。其實，這是本末倒置的錯誤想法。

因爲，工具本身不會思考，只會按照你的指令執行任務，最重要的作用只是在於協助自己增進工作效率，它無法使人變得更聰明，如果你一點都不想增進自己的智慧的話。

就像故事中的伊格爾，如果當初他擁有e-mail的話，或許可以僥倖地獲得一份工作，但是，如果不設法自我提昇，恐怕到現在還會是微軟公司的清潔工，絕不可能開創出自己的一番事業。

堅持努力到最後一分鐘

必須從無路可通的叢莽中披荊斬棘，覓尋一處可以發現金沙的所在，然後淘盡了數百斤沙石，希望至少找到幾粒金屑。

每個人都想成功，但最常見的狀況是希望屢屢落空。

其實，想要成功致富，除了活用腦袋想出賺錢的好主意之外，很多時候你必須咬緊牙關堅持到最後一分鐘。

就像拿破崙所說的：「勝利必定屬於最堅忍的人」，如果你因爲遍尋不著人生的「金剛鑽」而心灰意冷地放棄不幹，那麼，也許就在你沮喪氣餒的同時，幸運之神已經與成功擦身而過。

二十世紀五〇年代，盛傳有人在委內瑞拉山區發現金剛鑽而發財致富，一個叫做費爾．沙萊諾的年輕人聽到這個消息，便和兩個朋友興致勃勃地結伴深入委內瑞拉山區。

他們抱著無限的希望和信心，來到傳說中發現金剛鑽的河床，便迫不及待地開始淘金，撿起一顆顆鵝卵石仔細觀察。

然而，三個人廢寢忘食地挑撿石頭，不知不覺間幾個月過去了，衣衫襤褸了，鞋帽也磨破了，仍舊沒發現金剛鑽的蹤影。

有一天，費爾．沙萊諾精疲力盡地坐在佈滿砂礫的乾枯河床上，對著身旁的兩位伙伴說：「喂！我們乾脆回去吧，再找下去也不會有結果，你們看，我已撿了九十九萬九千九百九十九萬鵝卵石了，可是還是尋不到一塊金剛鑽！因此，我決定不幹了！」

這時，有一個伙伴帶著戲謔的口氣說：「你要回去之前，乾脆再撿一顆，湊個整數嘛。」

沙萊諾不以爲意，也用同樣戲謔的口氣回答：「好吧！我就再撿一塊，湊足一百萬顆！」

他閉著疲累的眼睛，隨手在一堆鵝卵石中摸出一顆雞蛋大小的石頭，笑著說：「就拿這顆充作第一百萬顆吧！」

可是，沙萊諾臉上的笑容剎那間僵住了，因爲他感覺到手中的石頭，比普通的鵝卵石沉重許多。他連忙張開眼睛一看，隨即高興地叫起來了：「哇！這是一塊金剛鑽！」

後來，紐約珠寶商哈萊・溫司頓開出二十萬美金的價錢，買下了這第一百萬顆的「鵝卵石」，並且命名爲「釋放者」。截至目前爲止，它仍是世界上體積最大、質地最純的金剛鑽。

俄國作家斯坦尼斯拉夫斯基在《我的生活藝術》裡勉勵我們說：「必須從無路可通的叢莽中披荊斬棘，覓尋一處可以發現金沙的所在，然後淘盡了數百斤沙石，希望至少找到幾粒金屑。」

如果說人生是一條迤邐蜿蜒的長河，那麼，大多數人都像費爾．沙萊諾一樣，在河床上摸摸索索，想尋獲改變自己生命際遇的「金剛鑽」。

最後的一塊鵝卵石使沙萊諾瞬間致富的故事，其實正勉勵我們，凡事在想要放棄之前，不妨勉強自己再多努力一下。只要你多一分鐘努力，就能使自己多一分成功的可能。

勇敢面對失敗的考驗

致富之道不在於是否拿到了一副好牌，而是要將一手爛牌打好，從來都沒有所謂的常勝軍，只有勇於超越自我的成功者。

很多成功的人士都有過身處逆境的經驗，最後也都憑著堅強的鬥志戰勝了逆境。人生有時就像一場牌局，不論好壞，紙牌就在你手上，就等你運用智慧打一場漂亮的勝仗。

你必須具備的智慧

齊曼在一九八四年受命出任可口可樂公司總經理，當時的可口可樂公司面對百事可樂步步進逼，情況甚爲蕭條，公司對他寄予厚望，希望靠他的營銷長才扭轉乾坤，一掃頹敗局面。

齊曼擬定的經營戰略是從改變可口可樂的配方著手，向市場推出全新口味的「健怡可樂」，然後搭配強勢行銷廣告，希望藉此取得轟動效果，一舉拉抬銷售量。不過，他卻犯了一個致命的錯誤，在推出新配方的健怡可樂之時，卻沒有持續讓舊配方的可樂上市。

結果，強調新口味的健怡可樂完全打不進市場，這讓原本就每下愈況的可口可樂公司猶如雪上加霜，銷售額直線下降。短短七十九天之後，舊配方可樂被迫以「古典可口可樂」爲名，緊急重新回到超級市場的貨架上。

一年之後，齊曼黯然離開了可口可樂公司。這對齊曼來說，無疑是一次巨大的挫敗，它不僅僅使齊曼蒙羞受辱，還徹底損害了他多年以來苦心塑造的個人形象。

但是，齊曼並沒有因此而一蹶不振，他離開可口可樂公司後，終日閉門苦

思，有長達十四個月的時間不曾與外界的人說過一句話。

當時，齊曼的心境十分孤獨，但他並不沮喪消沉，後來，他與友人合資開了一家諮詢公司。他在亞特蘭大簡陋的地下室中辦公，憑著一台電腦、一部電話和一台傳眞機，爲微軟公司等客戶提供諮詢服務，就連可口可樂公司也曾來向他尋求建議。

七年之後，齊曼終於東山再起，重新回到可口可樂公司，爲可口可樂再創輝煌的銷售紀錄，也幫助公司改進經營管理。

對於這段歷程，可口可樂公司董事長羅伯特．戈塔事後感慨地說：「我們由於不能容忍錯誤而喪失競爭力，現在我們終於明白，一個人只有在不斷前進的過程中，才有機會摔倒。」

有好的想法 要有聰明的做法

每一個經營者都渴望自己成功，每一個經營者也都渴望享受成功之後的果實，但是，並不是每一個人都能如願以償，只有最頂尖的人能在瞬息萬變的商場爭戰中勝出。

關於成功與失敗應該如何界定，美國石油鉅子保羅．蓋蒂提供我們一個相當有趣的衡量標準，他是這麼說的：「如果你不曾遭遇過失敗，那麼，對不起，你還不能算是一個真正成功的人。」

是的，假如你不曾失敗過，那麼，就應該體驗一下失敗的滋味，如此才能痛定思痛積累更成功的資本。

成功致富之道不在於是否拿到了一副好牌，而是要知道如何將一手爛牌打好，從來都沒有所謂的常勝軍，只有勇於超越自我的成功者。

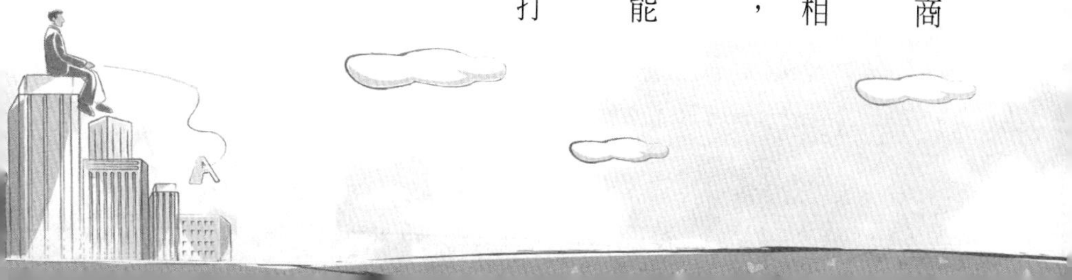

勇氣會讓你逢凶化吉

英國桂冠詩人華茲華斯說：「堅韌是成功的一大因素。只要在門上敲得夠久、夠大聲，一定可以把裡頭的人叫醒。」

逆境是通往成功的唯一道路，也是鍛鍊意志的最高學府。鋼鐵之所以堅硬，是因爲它在烈火裡燃燒，在冰水裡冷卻。人生也是如此，唯有遭遇過超越常人的苦難，才能獲得超越常人的成功。

一八六四年九月三日，瑞典首都斯德哥爾摩近郊的一家工廠，突然傳出一連串震耳欲聾的爆炸巨響，頓時濃煙佈滿天空，火舌不斷竄燒，短短幾分鐘時間，化學家諾貝爾前半生的心血化爲灰燼。

消防隊和當地民衆趕到出事現場時，只見原來的工廠已經蕩然無存，無情的大火呑沒了一切。諾貝爾呆楞地站在火場旁邊，這場突如其來的災禍，把他嚇得面無人色，全身不住地顫抖著。

消防隊從瓦礫中找出了五具屍體，其中一個是他正在大學讀書的小弟，另外四個人則是和他情同手足的助手。

諾貝爾的母親得知小兒子慘死的噩耗，不禁悲痛欲絕，而他的父親因爲受到刺激而中風，從此半身癱瘓。

然而，遭遇這麼巨大的痛苦和失敗，並沒有讓諾貝爾放棄研發工作。

悲劇發生後，警察立即封鎖了出事現場，並嚴禁諾貝爾恢復工廠，當地民衆也像躲避瘟神一樣避開他，也沒有人願意再出租土地讓他進行高危險性的實驗。但是，這一連串挫敗和打擊，並沒有讓諾貝爾退縮。

幾天之後，有人發現離市區很遠的馬拉崙湖上，出現了一艘巨大的平底駁船，船上擺滿了各種實驗設備，有個人正全神貫注地進行一項神秘的試驗。他就是在大爆炸後，被當地居民趕走的諾貝爾！

因爲勇氣，諾貝爾多次逢凶化吉，經過多次充滿危險的實驗，諾貝爾沒有和他的駁船一起葬身魚腹，反而發明了雷管，這是爆炸學上的一項重大突破。接著，他又在德國漢堡等地建立了炸藥公司。

一時之間，諾貝爾生產的炸藥成了搶手貨，源源不斷的訂貨單從世界各地傳來，他的財富也與日俱增。

儘管獲得成功的諾貝爾並沒有擺脫挫折，但是，接踵而至的災難和困境，並沒有讓諾貝爾嚇倒，更沒有一蹶不振。毅力和恆心，使他堅忍不拔，把挫折踩在腳下，也贏得了成功。

他一生當中，總共獲得了三百五十五個發明權的專利，還用自己的財富創立了諾貝爾獎，這些獎項至今仍被國際視爲一種至高無上的榮譽。

戰爭中所謂的戰略，是一門指揮軍隊行軍作戰的科學藝術，當我們把它運用在成功致富和經營管理上，則是面對劇烈而嚴苛的環境時，爲了增強執行力與提昇競爭力，而發展出的積極性謀劃。

在人生道路上屢敗屢戰的諾貝爾，充分展現了面對失敗的戰略。

從諾貝爾獲得成功，成爲世界知名富豪的過程中，反省一下自己曾經遇上的困難，是不是根本就微不足道？

諾貝爾堅忍不拔的勇氣，有沒有讓你面對困難更加有了信心？

想實現目標，你必需要有越挫越勇的能量，能跌倒了再站起來，這些是成功的過程中不可缺少的必備條件！

誠實是成功最重要的礎石

美國總統林肯強調：「你可以在所有時候欺騙某些人，也能在某些時候欺騙所有的人，但不能在所有的時候欺騙所有的人。」

日本企業家吉田忠雄以製造ＹＫＫ拉鍊奠立了自己的事業基礎，當他在回顧自己創業成功的經驗時，曾經語重心長地說：「不管經商或是待人處事，最重要的原則就是一定要誠實，只有誠實的人才會贏得別人的信任。」

誠實是成功最重要的礎石，不管做什麼事，倘使不誠實地對待別人和自己，一切都會淪爲夢幻泡影。

一個不誠實的人無法獲得他人的信任，更遑論尊重和幫助了。

生活在現代社會，人很難離群索居，在通往成功的道路上也很難不尋求別人的援助，因爲，個人的能耐終究有限，必須借助群體的力量才能發揮出無堅不摧的效用。因此，得不到別人信任的人，只會離成功越來越遠。

你必須具備的智慧

創業之前，吉田忠雄曾經在一家小電器商行當推銷員。剛開始，他在推廣業務方面四處碰壁，進行得相當不順利，有很長一段時間都沒有什麼起色，然而他並不灰心喪志，還是耐心挨家挨戶從事推銷工作。

後來，他終於成功地推銷出了一種新型的刮鬍刀，短短幾天之內便和許多位顧客完成交易，業績突飛猛進。

但是，不久之後他卻從同業口中得知自己推銷出去的刮鬍刀，價格要比其他推銷員來得高，這項訊息使他深感不安。經過深思熟慮之後，他決定一一登門向這些客戶道歉，並主動退還差額給他們。

他這種誠實不欺的作風，使得客戶們大受感動，從此成了他的忠實顧客，

除了定期訂購他推銷的產品之外，也爲他介紹了許多新客戶。

這個轉折點使得吉田忠雄的業績直線上升，不但獲得更豐厚的收入，也爲他日後自己創業建立了廣泛而良好的人脈基礎。

有好的想法 要有聰明的做法

美國總統林肯曾經在演說時強調：「你可以在所有時候欺騙某些人，也能在某些時候欺騙所有的人，但不能在所有的時候欺騙所有的人。」

誠實是成功的重要礎石，吉田忠雄之所以能成爲成功的企業家，在日本產業界佔有舉足輕重的地位，除了本身鍥而不捨的努力外，客戶因爲信賴而不斷幫助他，也是相當重要的因素。

吉田忠雄能獲得那麼多人的協助，關鍵只是因爲他是個誠實的人，值得客戶信任，由此可見誠實的重要。誠實是爲人處世應該具備的基本品德，也是判斷一個人是否能成功的觀察指標。

不斷創新才能敲開成功的大門

一個企業不僅要不斷地推出新產品，更要知道下一步該怎麼走，如何不斷地成長、前進，這樣的企業才不會停滯不前。

人生最有趣的事就是棄舊迎新，時時創造嶄新而美好的生活。當你對別人的成就投以羨慕和嫉妒的眼神時，有沒有反省過，爲什麼自己一直停留在原地打轉？當別人不斷成長和革新的時候，自己都在做些什麼事呢？

你必須具備的智慧

美國著名的發明家埃德溫·蘭德，以研發拍立得相機而聞名世界，不僅如

此，他還是世界上最成功的著名企業家之一，光是他所獲得的專利權就高達了二百多項，令人羨慕不已。

一九三七年，蘭德正式成立了「拍立得」公司，有人把他介紹給華爾街的大老闆們，他們對蘭德的能力和工作效率十分賞識，因而提供了三十七．五萬美元的信貸資金，讓他研發將偏光片應用到汽車的前燈，以減少車禍發生。

一九三九年，「拍立得」公司在紐約世界博覽會上，推出了「立體電影」則造成了轟動，觀衆必須戴上該公司生產的特殊眼鏡才能入場，因爲新鮮感十足，這次再爲「拍立得」賺進了一大筆財富。

有一次，蘭德替女兒拍照，她的女兒很不耐煩地問：「爸爸，到底要等到什麼時候，才能看到照片呢？」這句話，讓蘭德突然有了奇想，經過多年的研究，終於讓他發明了瞬間顯像照相機，他將之取名爲「拍立得」。

「拍立得」公司在一九三七年剛成立時，銷售額爲十四．二萬美元，一九四一年則成長到一百萬美元，一九四七年更達到一百五十萬美元。

等到「拍立得」相機開始上市後，公司銷售額更從一百五十萬美元激增到六千七百五十萬美元，十年之內成長了四十倍，成長率非常驚人，甚至可說是一個奇蹟。但是，蘭德並沒有因此而停住創新的腳步，六〇年代初期，他又製造出一種價格便宜，還能立即時拍出彩色照片的新相機。

蘭德在自傳中強調的：「一個企業不僅要不斷地推出新產品，更要知道下一步該怎麼走，如何不斷地成長、前進，這樣的企業才不會停滯不前，而是充滿活力的永續經營。」

其實，生命的流程也是如此，適應變化的唯一方法就是創新。

身在今日變化萬千的數位時代，成功的人，多半是那些不願因循守舊、勇於大膽創新的人。

因爲勇於創新，他們才能與衆不同，也才能站穩腳跟，打開成功的大門，在競爭激烈的時代中獲得勝利。

只有過人的能力才能讓你東山再起

福特汽車的創辦人亨利．福特說：「在這個世界上，唯一可以保障你的，就是你的知識、經歷和能力。」

想要獲得成功，必須具備創意，要有聰明的經營頭腦和敏銳的商業眼光，才能在實踐過程中抓住成功的契機，比別人早一步獲得成功。

很多人只會注意到機會的有無，反而忽略了自己能力的提昇。其實，只要是有能力、有實力的人，不放棄自己，肯努力爭取，機會就能隨時出現。

你必須具備的智慧

一九七八年，李．艾柯卡莫名其妙地被福特汽車公司的董事長福特二世解僱了。艾柯卡出任福特公司的總經理之後，曾爲福特公司創造輝煌的業績，當時他正率領著福特公司全體員工，不斷地銳意革新，準備要和競爭對手通用公司一拼高下。

但是，福特二世發現艾柯卡的地位和威信與日俱增，開始威脅到他的領導權威，於是突然宣佈解除艾柯卡的總經理職務。突如其來的變化使艾柯卡一下子從山頂摔到了地面，陷入個人生涯事業的最低潮。

還好艾柯卡的經營管理能力，早就衆所皆知，他憤而離開了福特公司，應克萊斯勒公司邀請出任總裁，於是他站在起跑線上，再次重新出發。

儘管當時的克萊斯勒公司處於最嚴重的營運危機之中，連許多政府官員都預測，克萊斯勒公司就快要破產。

但是，艾柯卡卻憑著自己的才能和衝勁，率領全體員工努力奮戰，他勉勵著所有員工說：「只要我在，公司就不會倒！」

終於，艾柯卡反敗爲勝，使克萊斯勒浴火重生，擺脫了虧損局面，漸漸提

高市場的佔有率，更提前把七年的貸款都還清了。

克萊斯勒的浴火重生，讓艾柯卡再一次贏得了各界的讚譽和名聲，也讓他重登事業的巔峰，這全靠著他的積極行動所獲得的成果。

有好的想法 要有聰明的做法

福特汽車的創辦人亨利．福特說：「在這個世界上，唯一可以保障你的，就是你的知識、經歷和能力。」

想要在這個競爭劇烈而又變幻莫測的時代出人頭地，一定要擁有過人的本事。能力不是一天就能培養起來，必須靠著日月的累積。如果你不想錯過任何機會，那麼就要把自己變成擁有實力的人。

人生的成敗全看你的能力，只要具備了過人的能力，不管走到哪裡，就一定會得到重用，即使失敗了，也能讓你迅速地「東山再起」。

試著把譏諷當作激勵

如果你想開創一番事業，就應該像斯泰雷一樣，試著把別人的嘲諷視為激勵，讓它成為逆境中前進的動力。

人在邁向成功的過程，除了腦袋靈活之外，必須具備的堅毅特質，就是勇敢地去面對別人的譏笑與嘲諷。

因爲，譏刺的話語往往比刀劍還要銳利，會刺傷一個人的意志。

你聽過美國的玉米大王斯泰雷的故事嗎？

斯泰雷十六歲的時候，曾在一家公司當售貨員，當時，他的職位和薪水都很低，工作量卻十分龐大。

在他心中一直有個偉大的願望，那就是要成爲一個不平凡的人。但是，每當他流露這種想法的時候，公司的老闆便譏笑他異想天開、不切實際。

有一天，他被老闆狠狠地訓斥了一頓：「老實說，像你這種愚蠢的人根本不配做生意，你啊，徒有一身力氣，卻一點腦袋也沒有，我勸你還是到鋼鐵工廠去當個工人吧！」

老闆這番刻薄的話語，嚴重刺傷了斯泰雷的自尊，因爲，他自認做事一直都非常小心謹慎，工作態度也非常主動積極，因此被老闆這麼一激，不禁出言反擊。他立刻對老闆反駁說：「老闆先生，你當然有權力將我辭退，但是，你不可能消滅我的信心。你說我沒有用，那是你說的，這一點也不會減損我的能力。你看著吧！有一天我會開一家比你大十倍的公司。」

老闆到這個年輕小伙子竟敢出言頂撞，而且說出這番「不知天高地厚」的話，當然嗤之以鼻，立即將他開除。

誰也料想不到，幾年後，斯泰雷眞的憑著自己的智慧，創造了驚人的成就，成爲全美著名的玉米大王。

有好的想法 要有聰明的做法

如果你想開創一番事業，就應該像斯泰雷一樣，試著把別人的嘲諷視爲激勵，讓它成爲逆境中前進的動力。

其實，我們一點也不必害怕被人責難，因爲，有時候責難並非全然沒有道理的，或許自己眞的有不足之處也說不定。因此，聽到別人的指責，應該虛心記取，仔細反省自己是否有所缺失，並努力修正。

反省之後，如果自認沒有任何缺失，或是錯誤不在自己，就把這些嘲諷和貶抑轉化成動力，不要被他人看扁，激勵自己一定要比對方強，千萬不要被幾句惡毒的話給擊倒。

讓自己成為產品的活招牌

最好的行銷方式正是親身經歷，當經營者能親自了解產品的特性，才能更有自信地推薦手中的商品。

「了解自己，才能準確無誤地行銷自己」，這不只適用在發展自己的長才，更適於應用於企業或公司發展的觀念上。

把自己視爲一項商品，在行銷商品時，經營者也要懂得展現自己的獨特品味，把自己視爲行銷宣傳的活廣告，讓人們因爲信任自己，而心甘情願地接受自己推薦的商品。

你必須具備的智慧

在福州的商城裡有一條名爲「女人街」的商業區，這天有一位頭戴安全帽的年輕人，騎著本田生產的重型機車，從這條繁忙的街道上駛過去，並在街角停下來，車上的年輕身影輕快地取下安全帽。

「哇！居然是女孩子騎的！」

現場驚訝聲連連，原來騎士是一位身材姣好的妙齡女郎，而這位女郎其實是位藝品店的女老闆。

「她看起來很有品味耶！」

當人們驚奇於藝品店老闆的打扮時並不知道，女老闆林姐會有這樣的轉變其實也有一段故事。

林姐高中畢業後一直找不到工作，雖然她曾經進入棉紡織廠工作，但是，後來廠長卻搪塞了許多莫名其妙的理由將她解僱。

對此，曾有朋友這麼對她說：「林姐，妳長得這麼漂亮，找個有錢人嫁了，開開心心、舒舒服服地當個貴婦，肯定比現在強多了。」

「我不想當寄生蟲！」林姐憤憤不平地反駁道。

正因爲林姐的自我意識高，一直認爲自己的能力絕對不只是這樣而已，與其找個不甚可靠的靠山，不如讓自己成爲獨立自主的新女性。

決定了人生的方向，林姐開始爲自己的未來尋找新定位，最終她決定創業！從一個小攤販開始，林姐全心投入店面生意，可是付出了許多心力維持的店鋪，每天的業績卻還是很冷清。

看著比同類產品低百分之五的標價，她忍不住埋怨著：「我的服務這麼好，產品又便宜，爲什麼會沒生意呢？」

埋怨歸埋怨，積極的林老闆並沒有因此放棄，她用心地觀察，仔細地尋找原因，最後總算讓她找到出問題所在。

原來，問題就出在她的衣著和談吐，無暇打扮的她，每天的穿著都很隨便，再加上略帶土氣的舉止，使每一位顧客們對她的審美觀都感到質疑。

發現了原因之後，林老闆立即修正自己的不足，認眞學習打扮，並且隨時掌握流行時尚。她對自己說：「我得讓自己渾身都散發著流行的品味！」

果然，改變穿著之後，立即吸引所有消費者的目光，更創造了消費者追逐模仿的效應，這個轉變也讓工藝店從此人潮不斷。

從主角人物的經驗中，我們看見了一個道理：「不要讓所有的努力都白費，每一個細節我們都不能忽略。」

從商品選擇到店員穿著，每一個細節我們都得仔細經營，就像讓自己成爲「活廣告」的林老闆一樣，在轉變後找到了最好的推銷方式。

其實，最好的行銷方式正是親身經歷，當經營者能親自了解產品的特性，才能更有自信地推薦手中的商品。

不管是產品試用，或是親自展示，唯有經營者能深入了解產品的特性，才能準確地爲消費者選擇出最適宜他們的商品，讓顧客在選購後不會感到後悔，願意繼續信任並且時常光臨。

PART 6

找對定位，就能刺激消費

只要懂得刺激消費心理，
選對消費主題，不管誰的錢，
都會輕鬆地落入我們的口袋中。

想尋找新目標，試著逆向思考

不要只懂得用單一的方向尋思，還要懂得逆向思考。每一個選擇或轉變，只要顧客們能夠接受，這些商品都有無限發展的機會。

當前方道路的標誌清晰地引導我們前進時，你會不假思索地前進，或是停下腳步，看看草叢邊是否隱藏著另一條人跡罕至的道路？

沒有人可以保證前方的路一定通往成功，當然也沒有人能預見這條反方向的道路藏有多少可能。因此，不必否定大路旁的小徑，也許眞正屬於你的機會就藏在這條小徑裡。

美國艾士隆公司董事長布希勒這天和朋友到郊外散步，忽然看見角落裡有幾個孩子在地上玩一隻又髒又醜的小昆蟲。他們牽著手輪流地把玩這隻醜醜的小昆蟲，其中一個還愛不釋手地說：「好想帶回家喔！」

「好想帶回家？」當布希勒聽到這句話時，眼睛爲之一亮。

原來他靈機一動：「嗯，市面上的玩具清一色都是設計精美、漂亮的產品，如果我來生產一些造型醜怪的玩具，想必會有一番商機！」

一想到這裡，布希勒不再有閒逛的心情，立即匆匆忙忙回到工作室，要求設計師們立即照他的話去做：「請你們立即停下手上的計設圖，重新設計一套造型醜陋的玩具出來。」

醜怪的玩具很快地便設計出爐，看著這些長得又怪又醜的玩具，布希勒十分得意，連市調都沒有做，便立即將產品上市。

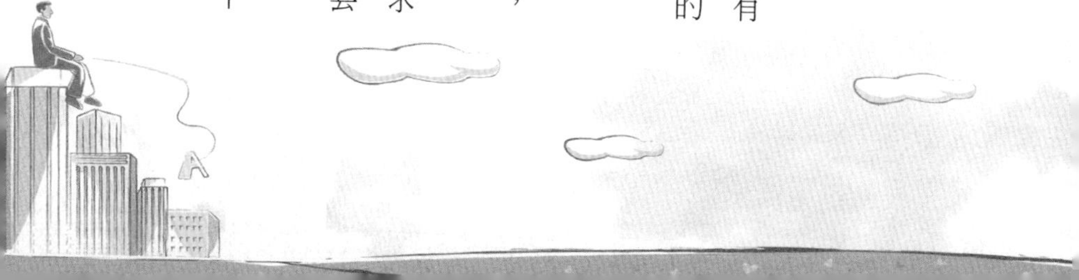

一上市果然一炮而紅，這套「醜怪玩具」爲艾士隆公司帶來了豐富的收益，成果令同業羨慕不已。

其中，最受歡迎的產品是一顆「怪球」，在一長串的小球上面印了許多醜陋不堪的面孔，看起來十分俏皮又有個性，這個產品讓那些好奇於鬼怪世界的孩子們最爲著迷。

另外，有一個用橡皮製成的「粗魯怪人」，帶著一頭枯黃的頭髮和綠色的皮膚，以及一對鼓脹且帶有血絲的雙眼出現，再加上一眨眼便會發出難聽聲音的特殊功能，讓大人和小孩都開懷不已。

這些醜怪玩具的價格並不便宜，但是卻十分暢銷且長銷熱賣，甚至後來還風行到世界各地，看來人們對於「醜怪」的接受度比精美商品的接受度更高。

有好的想法 要有聰明的做法

從這個「醜陋」的靈感中，我們看見了艾士隆公司的成功原因。

因爲，他們抓住了兩項消費心理，一是消費者追求新鮮感的慾望，二是他們選擇商品的叛逆思維。

在保守的消費習慣中，大多數人都偏好選擇漂亮或是規規矩矩的商品，但事實上，所有人都喜愛這些一成不變的產品嗎？

一如布希勒的成功案例，想要成功致富，尋找發展目標時，不要只懂得用單一的方向尋思，還要懂得逆向思考。

有人喜歡美麗的事物，當然也會有人偏好醜怪的產品。對聰明的經營者來說，消費者可以接受的商品非常廣泛，每一個選擇或轉變，只要顧客們能夠接受，這些商品都有無限發展的機會。

想一想我們喜愛的東西，果眞只有美麗的事物是我們唯一的選擇嗎？

「懂得挖掘慣性之外的變通思維，自然會有無限的發展機會。」這是布希勒在故事中與我們分享的成功秘方。

把自己的缺點轉化成最佳的賣點

設計一個鮮明的主題，將有助於消費者辨識商品的特色，讓顧客們在選擇時，可以很清楚地挑出他們最想要的消費方式。

許多人在追求「完美呈現」的時候，往往忽略了缺陷的美感，就像陶瓷製造者一樣，那些變型的陶器在品管要求下肯定會被捨棄，但是藝術家們反而會留下它們，讓它們以不同的面貌現身，成爲價值不菲的藝術品。

其實，沒有人是完美無缺的，包括再怎麼縝密的計劃，也會有缺失的地方。從這個角度去思考，反而能從「不足」中找到新的發展機會。

「晚安！」梅特佩里捧著一張菜單，滿臉笑容地出來迎接客人。

也許有人要問：「這是很平常的畫面啊！有什麼好介紹的？」

事實上，出現在客人們面前的是，梅特佩里抱著一張比她還高的菜單。

原來，這裡是一間侏儒餐廳，老闆吉姆特納本人也是個身材矮小的侏儒，身高只有一百零九公分的他，早已習慣了人們的好奇眼光與玩笑，因爲他總是這麼說：「沒關係，這正是本店的特色！」

爲了幫助同樣受限於身高而無法謀生的侏儒朋友，吉姆特納創辦了侏儒餐廳，這裡的服務生每個人身高都在一百二十公分以下，由於十分具有特色，果然吸引了不少人前來消費。

此外，知道餐廳不能只以「身高」爲賣點的他，還不斷地開發新的菜色，像是墨西哥餐、美式套餐、西班牙地方美食或愛爾蘭貴族特餐等等，而這些新

花樣便是讓顧客們不斷回流的主因。

光是想像，我們的腦海裡便已出現一個很有趣的畫面，一群侏儒帶著微笑出現，拿著比他們還高的菜單，那個可愛逗趣的模樣深深地抓住人們追求新鮮事的心理，期望能親眼目睹這個餐廳。

爲餐廳設計一個鮮明的主題，有助於消費者辨識一間餐廳商品的特色，讓顧客們在選擇時，可以很清楚地挑出他們最想要用餐的氣氛，加深他們對該餐廳的印象，進而讓他們願意繼續消費。

微笑面對自己身體殘缺的吉姆特納，更是一個成功經營者的最佳寫照。從他不卑不亢的應對裡，我們看見了一個樂觀面對自己的成功者，也看見了轉化缺點成爲優點的聰明人，這些都是他成功扭轉人生的要訣，更是身體健全的你我，最佳的學習對象。

在創意之中添加樂趣

不需要精確的廣告策劃，也不需要專業人員的行銷謀略，創意就是成功創造業績的絕佳輔助。

「好玩、有趣」一直是廣告創意裡的必備元素。

沒有人不喜歡快樂的氣氛，讓人感受到生活趣味的商品廣告，不僅最能讓消費者的記憶深刻，甚至當人們在選購商品時都會忍不住選擇它，希望從中感受到廣告裡的歡樂氣氛。

公司企業想要提高知名度，都是靠宣傳來加深民眾的印象。像日本大阪有一間十分著名的餐館名叫「吃光」，最大的特色正是老闆的宣傳花招。

當時他別出心裁地找來了十頭牛，然後分別爲牠們穿上了標有餐館名稱、地址、價格等字樣的衣服，接著他們還將洋蔥、馬鈴薯、雞、鴨、生魚、海鮮等各式各樣的新鮮食材全部掛在牛背上，甚至還讓活的雞或鴨等在牛背上活蹦亂跳，用以吸引人們的目光。

每次宣傳的時候，老闆都會先仔細打扮這些牛隻，接著便親自帶領牛群們，往大街上前進。只見他一手執鞭，另一手拿傳聲筒沿著街道吆喝著：「好吃的東西來囉！」

於是，雞、鴨的聒噪聲間雜著人們的討論聲，讓整個宣傳活動變得像是一場嘉年華會，試想，如此熱鬧的氣氛怎會達不到宣傳的效果呢？

於是，這場突如其來的「街頭表演」，不只吸引了行人們駐足觀賞，甚至連記者都聞風而至。

就在笑聲中，「吃光餐廳」的趣味形象深刻地植入了消費者的心中，一場動物遊行活動更爲他們打響了知名度，人們因爲「新鮮」兩個字而湧進了「吃光」餐館，餐桌上，他們對於這場「牛群表演」始終難忘，而餐館的生意也因而增加了十倍之多。

這場「生鮮活跳」遊行確實創意十足，透過誇張的宣傳方式，餐廳老闆不僅讓消費者充分地認識這家餐館，更讓他們從中感受到一種「快樂用餐」的氣氛。不需要精確的廣告策劃，也不需要專業人員的行銷謀略，餐館老闆憑著一個有趣的宣傳花招便打響了知名度，其中關鍵就在於「新奇有趣」，這場宣傳活動，吊足了消費者的胃口：「那是一間什麼樣的餐廳？」

於是，想了解該餐館的料理到底有多好吃，被挑起的好奇心很自然地驅動了人們前往品嚐的渴望，活生生的動物們更成了該餐廳最佳的品質保證，老闆的創意就是讓他成功創造業績的絕佳輔助。

創意就是致富的「知識貨幣」

商人面臨的阻礙和困難往往非比尋常，不過只要能樂觀面對，不管是什麼樣的大麻煩，冷靜迎戰就能想出輕鬆回擊的妙招。

幽默作家馬克．吐溫曾說：「想出新點子的人，在他的點子沒有成功之前，人家總說他是異想天開。」

然而，不容否認的，如果你想讓自己事業有成，卻必須要有勇氣做這種別人口中那個「異想天開」的人。你必須時時「突發」一些別人認爲根本不可能的奇想和創意，如此一來，才能突破既定的框框束縛，走出一條屬於自己獨創的成功道路。

有位經濟學大師曾說：「想發財，是現代人最健康的心理活動。」

雖然有人對這樣的論點不以爲然，直說聽聽就算了，但是有人卻拿來當做自己的座右銘，積極地朝著發財之路前進，像下面案例中的立普頓便是奉行這樣的想法來發財的聰明商人。

有一年的聖誕節前，立普頓爲了讓代理的乳酪暢銷，援用歐美傳統的聖誕節慶時刻作爲最重要的行銷時機。

爲了符合這樣幸福快樂的過節氣氛，立普頓想到了一個十分有趣的企劃，每五十塊乳酪中挑出一塊，裝進一英鎊金幣。

當聖誕節氣氛越來越熱絡，他便利用氫氣球大肆散發傳單，在金幣的引誘下，有成千上萬的消費者湧進了立普頓乳酪的經銷店，因爲人人都想買到附贈金幣的乳酪。

不過樹大招風，立普頓成功地創造了業績，卻遭到競爭對手嫉妒，他們向蘇格蘭法院控告立普頓，理由是：「此法有賭博之嫌。」

立普頓並沒有因此退縮，反而以退爲進，在各地經銷店張貼通告：「親愛的顧客，感謝您愛用立普頓乳酪，因爲贈金活動恐怕有違法律，因此，如果有人發現乳酪中附有金幣，麻煩您退回，謝謝合作。立普頓乳酪敬啓。」

這個看似要求退回金幣的動作，發揮的宣傳效果反而更高，一如立普頓預料的，消費者不但沒有退還金幣，反而在「乳酪藏金幣」的討論聲浪中，有更多人前往搶購。

最後蘇格蘭法院認爲：「這純粹是娛樂活動，本庭不予干涉。」

只是，對手不肯罷休，又向法院提出「誤食的安全問題」，讓法院只得再次取締這次活動。

就在法院再度調查時，立普頓乳酪又在報紙上刊登了一大頁的廣告：「基於法院命令，請消費者在食用立普頓乳酪時要小心，請注意乳酪塊裡的金幣，不可吞下，以免發生意外。」

趁機展開另一次逆向攻防的立頓普成功地擊退了敵手，更爲「立普頓乳酪」之名打下了基礎。

貝塞麥曾經寫道：「『創意』是致富的『知識貨幣』。」

這句話告訴我們，想要在競爭激烈的商場上拔得頭籌，擁有多少實質貨幣並不重要，重點應在於是否擁有比貨幣更重要的黃金創意。因爲，只要擁有一顆創意的黃金腦袋，那麼即便你的口袋只有一顆不起眼的「石頭」，照樣可以讓它具備鑽石般的非凡價值。

看見立普頓幽默地回應對手攻勢，並且巧妙地把它作爲行銷的手段，想必令不少人會心一笑吧！

聰明的立普頓不僅不被阻礙所困，反而懂得借助這些「絆腳石」成爲他加快腳步成功的「踏腳石」，機智確實令人驚奇。

經營者遇見阻礙時，能像立普頓一樣冷靜面對的人似乎並不多。

其實，商場上的現實每每令人招架不住，原以為可以順利發展的計劃，經常因為突發狀況讓人想退縮、放棄，問題是，如果真的就這麼放棄了，不是中了對手的計謀嗎？

仔細看看「立普頓乳酪」的成功，從中我們也學習到了一個相當難得的經營態度：「商人面臨的阻礙和困難往往非比尋常，不過只要發揮獨到的創意樂觀面對，無論在企業經營中遇到什麼樣的大麻煩，只要能冷靜迎戰，自然能想出輕鬆回擊的妙招。」

找對定位，就能刺激消費

只要懂得刺激消費心理，選對消費主題，不管誰的錢，都會輕鬆地落入我們的口袋中。

投資專家邱永漢曾經寫道：「從事任何事業，除了必須具備八〇%的既存常識之外，尚須有二〇%的獨特創意。」

什麼樣的消費者最容易被引誘？什麼樣的慾望最容易被刺激？

從市面上五花八門的暢銷商品去找答案，相信我們便能找到其中原因。也許在搜尋的過程中，你也會找出最適宜未來發展的新目標。

猶太人是最懂得靠「女人」發財的族群，像美國著名的《花花公子》雜誌

社長海夫納便是其中之一。

海夫納尚未成名前是個報社記者，抱負十分遠大的他經常這麼想：「我總不能一輩子待在這裡當個小記者吧！依我的才能應當要有番作爲才是，現在只有這麼一點薪水，實在不符合我的才幹。」

爲此，他大膽地跨進了總編輯室，向總編輯提出了心中想法：「我想加薪，請您每個月增加四十美元給我。」

「加薪？像你這樣一個小記者，有什麼資格拿那麼多錢？」總編輯口氣很差，不屑地對這個自命不凡的小記者說。

人爭一口氣，海夫納當然無法忍受這樣的恥辱，當場向總編輯說：「既然這樣，我現在只好辭職。」

也許你會認爲海夫納的辭職太過衝動，但事實上海夫納這個動作正巧給了自己展開新人生的機會，因爲，他在心中早已規劃好未來。

離開報社後，海夫納充分運用他的記者經驗與人脈，再加上猶太商人獨到的眼光，發現：「女人是最佳的賺錢商品。」

於是，他集資創辦了《花花公子》雜誌，在第一期雜誌中他插入了數頁的性感美女照片，一推出果然得到美國男人們的熱烈搶購，一時間洛陽紙貴，海夫納也因此而一夕成名，成了遠近聞名的《花花公子》大老闆。

靠著「女人」發跡後，海夫納不久便在芝加哥及世界各地開設了「花花公子俱樂部」，並挑選貌美性感的女郎打扮成兔寶寶的模樣，親切地招待喜愛奢華享受的《花花公子》迷。

就這樣，海夫納用「美人計」爲自己賺進了源源不絕的財富。

有好的想法 要有聰明的做法

在這個案例裡，難免有人會對海夫納將女人商品化的行爲給予否定，但是

就商業策略的角度來評析，打造「花花公子王國」的海夫納的確是個十分了解市場的聰明商人。

無論是「女人被物化」還是「奢華生活的風行」，從商業角度來看，這些主題其實都是刺激消費的絕佳謀略。

因爲，對消費者來說，在掏錢的那一刻，他們對於娛樂性產品的選擇從來都不受社會道德所拘束，一切都由直覺的情緒來決定。

換句話說，海夫納的創業目標不過是個簡單的經營策略，一個簡單的經商道理：「怎樣才能激起消費者的購買慾？」

所以，當人們說「美女是最好的廣告看板」的時候，其實我們更可以這麼說：「只要懂得刺激消費心理，選對消費主題，不管誰的錢，都可以輕鬆地落入我們的口袋中。」

處處用心，才能擄獲消費者的心

經營者應該重視的不只是研發與創造新產品，還要懂得消費者在購物時的情緒感受，讓消費者直接感受到經營者的誠意與用心。

能充分地滿足消費者的購物情緒，充分照顧購物感覺，懂得把消費者捧在手心，業績當然無人能敵。

對消費者來說，購物情緒勝於一切，無論是有目的或是漫無目標地逛街血拚，他們要的只不過是「快樂購物」心情。

換句話說，如果經營者能讓顧客的消費慾望得到了滿足，那麼成爲顧客的心中的血拼天堂並不困難。

在日本，米老鼠童裝專賣店裡擺的是高價位的童裝，雖然人人都喊貴，但是價錢並沒有阻絕客戶的購買慾。

相信有許多人不禁要問：「爲什麼這樣貴的衣服會這麼暢銷呢？」

答案就在他們的求職廣告上：「招聘服務生，限女性，大學畢。」

這個要求得從十年前說起，當時米老鼠童裝店決定以高薪網羅大學畢業生，那是爲了藉大學生的素質，讓傳統服飾銷售員的形象從一般的售貨小姐轉變爲服裝顧問，並藉由服務生的學歷拉抬米老鼠商品的優質形象。

如今，店裡的服務生清一色都是大學畢業生，而這也已成爲米老鼠專賣店的服務特色，且深受顧客們的青睞。

此外，米老鼠童裝店的裝潢也是賣點之一。入口處的舒適沙發，整體陳列優雅、舒適的擺設，讓人感覺到寬敞、舒適且沒有壓迫感，加上品牌服飾的簡潔設計，讓童裝更顯品味超群。

以多樣化取勝的米老鼠童裝部，更設計出一列小玩具來取悅小顧客們的心，對此經理木村先生解釋說：「我們展出玩具是爲讓孩子們更加開心。」

硬體設備上如此用心，他們在其他方面的付出更不在話下。

宣傳廣告和服務品質不僅下足了功夫，每年二百億日元的營業成績中，大約有一半收入全拿來投資產品包裝、消費服務等成本上，而這些看得見的優質服務，當然深得消費者的心。

所以，有位老顧客便這麼說：「光是他們的商品包裝和服務熱忱，就超過這些錢的價值了。」

有好的想法 要有聰明的做法

經營者應該重視的不只是研發與創造新產品，還要懂得消費者在購物時的情緒感受，所以聰明的「米老鼠」童裝部主管，選擇了素質整齊的員工，讓經營者更易於培訓出專業的銷售人員，這些都是服飾店成功的關鍵。

試想一走進店裡，迎面而來的全是訓練有素的專業人員，對消費者來說，除了讓人備感尊重外，在聆聽她們親切地解說產品時，本身的選購意願似乎也在不知不覺中增加了。

再加上精心佈置的購物環境，與細心規劃出來的遊戲空間，更讓消費者直接感受到經營者的誠意與用心，這些看起來不太重要的小地方，的確讓重視「消費感覺」的顧客因而感到更加親近。

低價促銷是打開市場的好方法

「有捨必有所得」，這句話也適用於商場上的謀略，懂得退一步，才有足夠的時間和空間思考怎樣超越對手。

「新品上市，特價優惠」，這幾個字想必每個人都見過。對消費者來說，當新產品一上市便將販售價格標低於定價，那麼在對照定價之後，這個難得的特價優惠便成了無法抗拒的誘惑。

反之，若是產品售價過高，顧客們試用的慾望當然也不會高了，因為沒有人想花冤枉錢買「試用品」吧。

韓國三星公司剛開始研製和生產微波爐時，全球的微波爐市場是日本產品的天下，每年該項產品的全球需求量爲二百二十萬台。

雖然當時的市場尚未出現飽和，但是三星要想與日本產品分庭抗禮，甚至想超越日本公司在全球市場上的地位，難度恐怕不是一般市場調查可以評估的。不過，積極求勝的三星公司志向十分遠大，決心在行銷上投入巨額資金，期望以超低價的行銷方式來刺激國外市場的買氣。

第一步他們首先瞄準了市場前景最大，競爭卻相對薄弱的美國市場。

當時，美國微波爐一台的定價大致爲三百五十美元到四百美元，三星公司爲了打開北美的微波爐市場，竟不惜以每台二百九十美元的低價向美國最大零售商提出合方作案。這個前所未有的舉動果然讓三星公司生產的微波爐迅速地風行北美市場。

這個舉動當然爲他們贏得了國際行銷的第一步，而且這個成績甚至還超越了他們預期的結果。

開拓了市場，三星公司更加積極投入研發，提升技術，先是引進了最新技術，接著當然還是想盡一切辦法降低製造成本，以利繼續朝著電器龍頭的地位前進。在逐步將每台微波爐的成本降低到一百五十五美元後，連美國國產的低價商品也敵不過他們。

面對這樣可怕的價格攻勢，美國通用電器公司當然受不了，因此決定放棄自產的微波爐，轉而與三星公司合作，希望三星公司接受「指定品牌委託製造」的合約，並調派通用公司的工程師前往韓國協助生產。

這個技術分享、合作的要求一提出，三星公司當然立即同意。因爲對他們來說，不僅能乘機學習美國先進的技術，同時也能爲自家的品牌開創優質的名聲，其中直接的影響是讓三星順利進軍歐洲市場。

歷經十三年，韓國三星集團終於超越了日本廠商，讓自產的優質微波爐每年產量達到三百萬台，並順利暢銷歐美、亞洲和南非等國際市場。對行銷角度來說，這個「以退爲進」的絕招果然獲得了空前的成功。

「低價促銷」是市場上最常運用的行銷方式，無論是貪小便宜的心態，還是因爲手頭拮据，「低價」永遠是消費者的最愛。

深諳這個消費心理的三星公司，爲了打進美國市場，決定第一步便用低價促銷來搶灘，因而在美國市場上佔有一席之地。

此外，「謙卑退讓」的態度更是讓三星成爲國際企業的主因。三星不惜虧本推銷，並與當地公司合作，看似一路吃虧，其實早已邁進一大步。

「有捨必有所得」，這句話不只適用於人生道理，更適用於在商場上的謀略。懂得退一步，才有足夠的時間和空間思考怎樣超越對手，就像故事裡的三星公司一般。

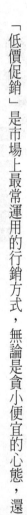

讓產品說話，是最好的行銷手法

為了征服消費者的心，最有效的方法便是讓產品自己說話，讓商品與顧客充分溝通，消費者自然會大方地購買心中的最愛。

對每一位經營者來說，爲了提高自家的商品價值，得把握各項產品的價值變動，跟著時代趨勢的腳步前進，如此一來才有利於自己抓對時機，採取不同的經營策略和行銷技巧。

所以，爲了在第一時間挑動消費者的購買慾，所有行銷宣傳人員無不絞盡腦汁。他們的費心思考正是爲了找出最符合當下情況的行銷方法，成功行銷他們即將上市的產品。

爲了將產品形象深植消費者心中，許多經營者時而用哀兵策略，時而又以精兵形象出現，爲了強化消費者對產品的印象，可是無所不用其極。

其中也有企業經營者會以激烈的行銷手法來試探市場，或是以功能性的展銷方式來達到取信客戶們的目的。

像誇張的破壞性試驗，直接在群眾面展現新產品與舊產品的對比與衝突，最能加深消費者對產品的記憶。

你必須具備的智慧

一九八六年，江蘇某沙發床墊工廠生產的「蘇鶴」席夢思床墊，一開始銷售時業績慘綠，因爲消費者根本不能接受這樣的產品。

只因這樣柔軟的床墊，對當地居民來說很不紮實，特別是在試坐之後，他們都這麼反應：「一坐就凹陷，一定很快就壞了。」

於是，「蘇鶴牌」席夢思床墊銷售持續低迷了一年左右。

直到十一月，行銷人員突發奇想，將床墊運到馬鞍山市區，然後一張一張地平鋪在大街上，並當眾讓一輛運載了十公噸重物的卡車輾壓過去。

「你看，床墊居然又回復原狀了。」

車子一駛過，現場登時驚呼聲連連，這個「毫髮無傷」的表演，果然立即打響了蘇鶴床墊的名聲。

接下來不到半年的時間，「蘇鶴」床墊熱銷上海、南京、無錫等幾十個城市，在那場表演活動之後，人人都指定要買：「我要那種壓不壞的床墊！」

有好的想法 要有聰明的做法

從這個行銷案例中，我們也了解到，想讓消費者更加了解產品本身的優劣，最有說服力的廣告就是讓客戶們親眼看見商品的功能。所以，沙發床墊工廠的推銷手法深深抓住消費者的心，雖然表現方式太過激烈，但是這個畫面想必會在消費者的腦海中留下深刻印象。

爲了征服消費者的心，最有效的方法便是讓產品自己說話，讓商品與顧客充分溝通，消費者自然會大方地購買他們心中的最愛。

只要能夠解除消費者的「疑慮」，自然能攻佔消費者的心。對顧客來說，商品的品質是他們最重要的考量，試想，當一份包裝精美的商品擺放在我們的面前時，你心中想的是實用重要，還是包裝重要？

其實，每個消費者的需求與經營者相同，產品的實用性與功能性向來都是人們消費的重點，只要能靈活展現出產品特質，用創意來表現特色，銷售成績自然會一飛衝天。

輕輕挑動消費者的好奇心

挑動「好奇」一直是廣告行銷中最常運用的方法，不僅掀起了人們一陣熱烈討論，更創造了絕佳的宣傳效果。

透過廣告來引誘消費的成功案例不計其數，其中，蘊藏的元素大多都是：「挑動好奇心。」

無論是充滿懸疑的廣告，還是隱藏答案的表現方式，在在是引起人們高度關注的最佳技巧。像台灣野狼一二五機車當年在設計宣傳廣告時，便是兼採這兩種方法，成功地創造業績的最佳實例。

某一天，有兩家報紙同時刊出了一則圖文並茂的廣告，廣告上是一幅漫畫，上面宣傳的是一輛機車。

不過，人們看仔細後卻發現，這個廣告上卻沒有註明廠牌，圖畫下方的文案只寫著：「請您再等六天！今天千萬別買機車，您的機車絕對不能隨便挑，再等六天，因爲將有一部意想不到的好機車即將登場！」

接下來的第二天，這則令人好奇的廣告繼續刊出，內容只換了一個字：「請您稍候五天……」

第三天，報紙上的廣告仍然出現，也仍然只改一字：「稍候四天……」

到了第四天，廣告略略修改爲：「請再等候三天。要買機車的人，您除了要考量外型之外，還要考慮到耗油量、馬力、耐用度等性能，不過您放心，因爲有一部與衆不同的好車就要現身了。」

等到第五天，讀者的心已經被刺激了好幾天，那個「好車」到底長什麼樣子，越來越引人好奇，而報紙上的廣告文案這天寫得更加仔細：「的確讓您久等了，這部外型、衝力、耐用度第一且省油的『野狼一二五機車』就要來了，麻煩您再耐心等候兩天。」

到了第六天，人們引頸盼望的新車就要出現了，可沒想到這天廣告上居然寫著：「對不起，讓您久等了，野狼一二五機車明天就要上市了。」

第七天「野狼」終於上市，而那些已經被吊足胃口的讀者們經過這幾天的刺激，這天全湧入了機車行，仔仔細細地看清這台「好車」的所有性能，並滿足了心中渴望了七天的購買慾！

要有聰明的做法 有好的想法

當消費者的好奇心被挑起後，即使日期已經明定清楚，對他們來說，在此之前耐心等待的每一天都是煎熬，所以當答案揭曉的那一天，消費者的購買慾也被挑動到了巔峰。

於是，我們看見消費者除了立即前來「試騎」之外，似乎再也沒有其他辦法能解他們這段時間心裡的煎熬。

這的確是十分絕妙的廣告招術。事實上，挑動「好奇」一直是廣告行銷中最常運用的方法。像前陣子樂透彩券的一則求婚廣告一樣，沒有答案的廣告推銷，不僅掀起了人們一陣熱烈討論，更創造了絕佳的宣傳效果，當每個人都在好奇著「主角」是誰時，最後的解答讓每一個充滿發財夢的人，爲尋求更好的未來而前去選購彩券。

消費者的購買行爲經常是一時衝動，爲了滿足心靈上的空虛或是夢想，人們習慣選擇各式商品來填補。因此，當好奇被挑動，當消費者的佔有慾被激起，他們的消費力當然就沒有極限了。

PART 7

販賣希望，就能達成期望

運用消費者的心理來刺激消費意願，
功效最為顯著。
當心理因而得到了滿足，
其他的條件也都變得不重要了。

借助名人的號召力推廣自己的名氣

透過名人背書達到宣傳的效果，再借助採訪媒體拍攝的鏡頭，讓這個「配角」因為主角的名聲與地位而行銷到全世界。

名人是眾人觀注的對象，舉凡他們偏好的事物，或者是接觸過的東西，都會成爲人們爭相擁有之物。

於是，借助名人的號召力來刺激消費和推廣產品名氣，如今已成了許多產品宣傳的重要方法。

一九八八年，大澤自行車廠聽說美國總統布希即將訪問中國大陸，立即調查到布希在擔任大使時，經常與夫人騎著自行車穿梭於北京城內。

一收到這個寶貴的訊息，公關部門便大膽地向主管們建議：「我們可以策劃一個贈車活動！」

不久，大澤車廠特別製造了一輛白色與一輛粉紅色的自行車。這款飛鴿車是該廠剛剛研發出來的新產品，兼具造型美觀、騎乘輕巧的優點，就在訪問團抵達北京的第一時間，出現在總統伉儷的面前。

布希夫婦一看見這兩輛車子，臉上立即露出笑容，仔細地看著車子並且連連稱讚，布希總統甚至還迫不及待地跨上車子，似乎想立即上路。

這個畫面很快地便被廣泛報導，在場的中外記者們紛紛以「美國總統布希和夫人喜得飛鴿車」、「飛鴿架起友誼的橋樑」或「布希總統將在白宮騎上飛鴿」等標題來報導，這當然也讓飛鴿車的知名度驟然提升。

其實，這樣的宣傳手法各地皆有，健力寶飲料公司也曾運用過。

一九九二年十二月二十日，《紐約時報》刊登了新任總統柯林頓的夫人希

拉蕊舉起健力寶飲用的彩色照片。

據了解，這張照片是拍攝於一九九二年十月一日。當天柯林頓夫人在遊艇上舉行一場競選活動，就在活動開始的前兩個小時，健力寶的總經理林齊曙帶著一群員工來到碼頭表示支持，除了帶去了支持競選的熱情，也帶去了「健力寶」產品和相機，此外，更帶著外交活動必備的耐心與細心。

通過了嚴密的檢查後，他們立即在遊艇上詳細勘察柯林頓夫人會經過的路線，並確定柯林頓夫人可能停留的位置。

不久，柯林頓夫人和奎爾夫人在大批保安人員簇擁下登上了遊艇，只見她們依例與各方名人握手交談，其中當然也包括了「健力寶」總經理，當時紐約市政府向夫人們介紹：「他是中國健力寶公司的總經理！」

就在這個時候，林齊曙將準備好的健力寶飲料呈上，表示要對兩位夫人致敬，禮貌上夫人們當然也得舉杯回禮，當她們舉起「健力寶」的時候，等候多時的攝影師立即按下快門，讓「健力寶」與柯林頓夫人緊密地連接在一起。

後續效應當然如同你想像的！

故事中，兩家公司都是以「外交」名目來進行宣傳。他們細心地迎合名人的喜好，也耐心地等待主角人物出現，並把握時機讓名人們微笑接納他們的產品，這些都是行銷人員仔細沙盤推演後的成果。

透過名人背書達到宣傳的效果，這是現代廣告中最常運用的方法。一如大澤自行車與健力寶的「把握機會」一樣，花一點公關經費，然後再借助因爲名人到訪而吸引來的採訪媒體，透過每一張不經意的拍攝鏡頭，讓這個「配角」因爲主角的名聲與地位而行銷到全世界。

這是大澤自行車與健力寶的成功之方，開拓財源的方式看似很簡單，實則用盡心思。或者我們可以這麼說，所有的成功結果都不會憑空出現，只要我們能花一點心思，就不難發現創造財富的機會。

利用色彩贏得消費者的青睞

色彩最能吸引消費者目光，只要能配合行銷主題，即使是灰澀的色彩都能讓這個宣傳廣告能達到最佳的效果。

從交通號誌的色彩來分析，我們便能理解這些色彩的作用。

像紅燈代表禁止，綠燈被拿來表示通行，那是因爲色彩醒目的紅色最能刺激人們的視覺神經，人們便認爲紅色是最能用來提振視覺的色彩標示，因而被用作爲禁止通行的警示色彩。綠色代表柔和舒適的色彩觀感，當然最適宜用作通行的指示燈。

除了交通號誌的選用外，有更多人充分地運用色彩來作爲行銷宣傳的方法，像遍佈全球的麥當勞公司便深諳箇中訣竅。

你必須具備的智慧

麥當勞公司之所以選擇用鮮艷紅色作招牌底色，並以黃色作爲縮寫「M」字的主色，那是因爲他們認爲：「以交通信號來看，紅色和黃色都是最明亮、最醒目的色彩。」

據他們調查，當消費者在街上行走時，只有百分之二十五的人是原本就要到麥當勞吃東西，其他約有百分之七十五的人是因爲看到紅色的招牌和黃色的縮寫字母，心中產生一個「停止」的強烈刺激，因而走進這間店。

在他們心中會產生這樣一個念頭：「是麥當勞！嗯，去買點東西吃吧！」

從麥當勞的商標設計中，不少人學到了「色彩經營」的竅門。

除了準確搭配色彩，並了解色彩在商業中的作用之外，許多企業也更加了解色彩學的象徵意義。

例如，紅色代表著喜慶、吉祥、熱烈。如此鮮豔、突出的顏色原本在包裝上就佔著相當重要的位置。

其他的顏色，像是橙色，便代表著光輝、溫暖和歡樂的氣氛，所以我們在櫥窗和店門的玻璃裡，經常看見店家利用橙色來突顯店名或商品，藉此吸引顧客們的目光；又如黃色代表光明和希望，就中國命理學來說，黃色又代表著金屬，有著財富和輝煌的象徵意義，因而許多人都會利用它來妝點店面，表現出產品的貴氣與質感。

至於柔和的淡黃色，則是店內最常用的裝飾，因爲這個色彩讓人有溫暖如春、賓至如歸的感覺，所以連一般居家燈光也會以這個色彩來調配。

有好的想法　要有聰明的做法

聽過色彩心理學嗎？

這篇文章的主旨便是從色彩心理學的角度來探討。從麥當勞的色彩到其他的色彩分析，都是要告訴每一位經營者，別忽略了色彩的影響力，更別忽略了消費者在感官上的感受。

只要能兼顧這兩個要旨，便能輕鬆擄獲消費者的心。

其實，色彩一直是行銷廣告時不可或缺的元素之一。即使是一行簡單的文字，不少創意人都會將色彩意象包含其中，因爲他們知道：「色彩最能吸引消費者目光，只要能配合行銷主題，即使是灰澀的色彩都能讓這個宣傳廣告能達到最佳的效果。」

只要靈活地運用各種色彩心理學，讓每一種色彩都發揮它特殊的功能和象徵意義，那麼即使只是小小的點綴，也能圓滿地達成它的宣傳任務。

有勇氣，更要有謀略

除了要有行動勇氣之外，更要有「謀略智慧」。反應快、思考靈敏，有勇氣更有謀略，以智取財，財富才會源源湧進。

對有些人來說，下決定一點也不困難，因為他們認為，只要給自己多一點勇氣，就能夠大步向前。

只是在舉步前進之時，你是否看清了未來的方向？又是否確實地了解，你將面臨的重重阻礙與難得機遇有多少？

袁鵬是個小學老師，因為不滿足於每月只有幾百元人民幣的收入，最後決定離開學校，投身其他領域。

離開了校園轉而投資工廠，袁鵬的工作不如預期中順利，不過在這段東奔西跑的過渡期中，卻反而讓他培養出冒險的勇氣與堅強不懈的精神。

對房地產買賣相當感興趣的他，因為沒有相關經驗，也沒有人脈的背景，就只能每天從報章雜誌中吸取經驗，舉凡關於這項產業的訊息，他都會一字不漏地仔細閱讀。

一向眼光敏銳且思考靈活的袁鵬，某天在報紙上發現一則非常重要的訊息：「江老闆將在深圳郊區投資一間五億元的加工廠。」

憑著直覺，袁鵬立即前往當地察探，在實地考察的過程中，發現到一件很重要的事：「怎麼這裡都是一些老舊的空屋？」

原來，該區不少屋主已經搬到其他地方居住，由於這裡地處偏僻，這些房子很難賣出，因此全閒置在這兒。

「沒錯，這是我的機會！」袁鵬看著這些空屋，信心滿滿地說。

袁鵬並沒有貿然行動，先進一步確認江老闆設廠訊息的可靠性。幾經打聽後，確定了江老闆投資辦廠的地點。

於是，袁鵬帶著各種資料與證件，來與這些空屋的屋主洽談購屋事宜。當然，這得在當地住戶不知道內情下交涉，而他更不會提起拆遷設廠的訊息。當這些屋主名字換成了「袁鵬」之後，袁鵬的財富也不斷地累積、堆高了。

就這樣，袁鵬只花了一個月的時間，便將這區的房子所有權全數拿到手。兩個月之後，江老闆正式向當地市政府申請辦廠徵地，袁鵬手中的房子當然也是徵收範圍。

只見袁鵬開開心心地把房子全都賣給了江老闆，轉手之間，每一戶他都淨賺十五萬人民幣。

袁鵬這轉手一賣，每戶輕易地賺進了十五萬元人民幣，可是看似簡單輕鬆

的搶錢過程，實則一點也不簡單。如果沒有周詳的計劃與實地的調查，說不定最後的結果會以慘賠的收尾。

所以，想和袁鵬一樣創造奇蹟的人，別只顧著羨慕袁鵬的成功結果，因爲中間研究過程，像是確認資料、借貸與遊說，或是下定決心行動等等，這些付出以及心中曾經的煎熬過程，都不是我們可以輕易想像的。

想在市場搶得一席之地，除了要有行動勇氣之外，更要有「謀略智慧」。如果眞要評析袁鵬的成功，反應快、思考靈敏才是他贏得豐厚財富的眞正原因，有勇氣更有謀略，以智取財，財富才會源源湧進。

從另一個角度看自己的困境

能靈活思考就能扭轉頹勢，只要肯用心思考，努力找出問題並積極解答，全新的市場必能在最後一刻出現。

大嘆自己經營得那麼辛苦的人，爲何不肯積極修正自己的步伐呢？究其原因，不外乎害怕變化，或是只習慣於目前的步調或方向。問題是，繼續這麼下去，還有多少機會可以扭轉一切？換個角度看看你自己的情況，如果未來的面貌越來越模糊，不妨重新開始吧！

熟悉食品經營的人一定會知道，農曆春節前後所有餐廳的銷售成績都一定會下降，因此許多餐館在春節前便不再進貨，寧願提早關門休息，也不想在春節期間囤積食材。但是在這個冷清的時節，還是有人想突破這個禁忌，像新安餐廳在年節即將來臨之前，一口氣進了十噸豬肉和二噸半的豬下水。

原來是新安餐廳在收集了各方訊息之後發現，春節期間，無論民眾是在家裡或訪友，大都會選擇一些熟食的加工產品來料理，像是叉燒肉、蛋捲肉、火腿肉和香腸等等，都是最常選用的應景食材。

了解這個情況之後，老闆立即改變經營方向，開始研製這類熟食材，在產品出爐後，立即將食材上市，得到了消費者的肯定與搶購熱潮。

順應季節或市場需求的變化，他們很懂得怎樣在淡季裡製造熱銷的局勢，像他們在夏天販售雞蛋的情況也是如此。

由於盛夏時節，雞蛋很容易變壞，因此一些食品商店害怕雞蛋銷售太慢，因此在夏季時的雞蛋進貨量很少。唯獨新安餐廳不然，因爲無論他們進了多少箱的雞蛋，都會在保鮮期限內全數賣完，這個情況也引來了同行的側目。

原來，新安餐廳的變通方法很簡單，既然新鮮雞蛋不好保存，那麼就把雞蛋做成茶葉蛋，或是把雞蛋搭配燒餅販售。

有好的想法 要有聰明的做法

能靈活思考的經營者的確最能扭轉頹勢，就像從新安餐館陸續出籠的加工產品中，我們也看見了老闆轉彎思考的機智。淡季也能成旺季，這與逆境也是順境的道理一樣，命裡乾坤從來都掌握在我們的手中。

試想，當別人苦哈哈地守著賣不出去的肉品時，你若能將豬肉變成豬肉乾或是火腿，不僅能增加食品的保存時間，還能讓原有的產品增值。

雖然商戰場上困難重重，但是無論遇到什麼樣的險阻或是困難，只要肯用心思考，努力找出問題並積極解答，全新的市場必能在最後一刻出現，協助自己渡過難關。就像新安餐廳的創意，聰明地思考出新的經營方法，並看見了全新的發展機會，相信這對仍然苦無出路的人會產生一些啟發。

靈活變通，才會更加成功

面對市場變動要懂得隨機應變，充分展現靈活多變的商業手腕，才能持續掌握市場。

所有的商人都希望用最好的產品與行銷手法與對手一較高下，分出勝負，確立自己的市場地位。

然而，怎樣才是最好的商品，怎麼樣的企劃才是最好的行銷手法，這對許多經營者來說，確實是件很難學習的功課。

其實，經商的計謀沒有一定的標準答案，一切關鍵還是在經營者自己。希望成功，想要站上市場的最高峰，還是得靠自己去尋找出最好的攀登技巧，才

能穩健地登上人生的顛峰。

你必須具備的智慧

花王公司是日本國內最大的肥皂和化妝品製造公司，也是世界第六大化妝品集團。如此成就，得歸功於當年花王公司的創始人在經營和行銷上的靈活變通。這些在當年被評論爲「太過前衛」的商業技巧，如今卻成了許多後起之秀學習、援用的經營概念。

因爲後來者知道，若不如此，他們便會像其他公司一樣，面對花王這樣的競爭對手時只能望其項背，無力超越。

當時，花王公司花費大筆經費在通訊設備上，他們因爲擁有這樣的系統而邁出了成功的第一步。此外，對於物流以及商店的通路，他們打破了傳統運輸的時間限制，二十四小時全天供貨。

這是指，只要商家們立即連絡倉庫，他們便會立即出貨，將全國二十八萬家商店中的任何一家所需要的貨品即刻送達，目的便是要讓貨架上的貨物能供應無虞，不會產生缺貨的情況。

此外，他們限定每間商店的訂貨量。對此，東京辦事處的貝斯特曾說：「花王公司在一項產品投入市場後的兩個星期，便能知道該項產品是否成功。因為在回報補貨或退貨的動作中，他們便能得知該產品的銷售對象，以及產品包裝是否符合市場喜好，或是消費者對商品要求改進的地方。」

就經營者的角度來說，花王公司的做法非常現代化，充分利用通訊的特色，靈活且迅速地將市場掌握在手中。

有好的想法 要有聰明的做法

商場上，善於因應時勢且懂得創新的人，自然能成就一番事業。因為當別人沒做到，而他們卻能靈活地爭取到所有機會時，當然可以成為戰場上的常勝軍，就像故事中的花王公司一般。

懂得因應市場變化的人，面對同一條生產線上多元的生產品時，不論是少量還是大批發的商品，他們想獲得相同的利潤，便得比對手更快推出新產品，或是比別人更迅速地補貨上架，掌握通路的順暢。

能如此，他們便能在市場上維持一定的曝光率，再者，透過「商品銷售狀況」的作業，統計新產品的銷售數量，更是試驗市場喜好的絕佳方法。

在競爭激烈的商戰場上，企業主應該培養的不只是商品的質量問題，更要知道與時俱進的要訣，面對市場變動更要懂得隨機應變，充分展現靈活多變的商業手腕，才能讓市場永久爲自己掌握。

販賣希望，就能達成期望

運用消費者的心理來刺激消費意願，功效最為顯著。當心理因而得到了滿足，其他的條件也都變得不重要了。

當一張紙能實現你心中的夢想時，你願意花費多少錢來擁有它？

從這個角度來延伸，我們便能解答出消費者可以接受的夢想價格。就像某件服飾可以滿足女孩當貴婦的慾望時，無論衣物上的標價有多高，女孩們都會毫不心軟地買下它。

換句話說，滿足消費者的心願是所有經營者最重要的課題，只要懂得消費者的需要，必定能贏得消費者的心。

有數以萬計的中國人爭先恐後地想成爲美國土地的主人，所以在一場上海的拍賣會上，有兩千張標價約二千一百八十八元人民幣的美國土地權狀，一下子便被搶購一空。

其中，有不少當地富賈也積極參與，甚至將每張土地權狀哄抬到五千元人民幣，並揚言：「你有多少，我就買多少。」

一個月後，一張土地權狀飆漲到二萬多元人民幣。

事實上，一張價值不菲的土地權狀，實際價值並不如市場價格那麼高，因爲他們花費了二萬元買到的土地權證，只不過是一份精美的土地所有證書，它只是一件涉外財產，可以用來作爲收藏、繼承、轉讓或饋贈的用途。

當初有人以「拿到美國土地權證，就能到美國自由進出」爲晃子，吸引了許多懷抱美國夢的人搶購，如今他們拿到的其實等同於一張廢紙，不具有其他意義。因爲，即使擁有了五十平方英寸的土地證明書，頂多只能拿著自己國家的護照到美國一遊，然後在那塊土地上自由行走，在一定時間之後便得離開「自己的土地」了！

對於這些外國人來說或許是錯誤的投資，但是對於辦理這場活動的司各特．摩格來說，這卻是他締造人生高峰的絕妙創意。

雖然，這些土地並沒有眞正地被賣掉，但是這些土地的象徵意義卻創造了市場價格。因爲，當初摩格在構思這項活動時，將這塊土地設定爲「新奇的禮品」，在市場上他強力放送著這樣的宣傳廣告：「這是贈予一個已經什麼都有的人的最佳禮物。」

這樣新奇的商品果然十分吸引人，雖然人們根本無法眞眞正正地擁有這項商品，但是，許多人心中懷抱著的美國夢似乎變得更加踏實了。

運用消費者的心理來刺激消費意願，在這個案例裡似乎功效最爲顯著。司各特．摩格以「滿足心中夢想」爲題，再透過一張美國的土地權狀作爲引誘，讓每一個懷著美國夢想的人從中得到「夢想成眞」的滿足。

夢想因爲這張土地權狀變得更近了。對爭相競購的消費者來說，雖然這張權證沒有眞正成爲美國人的實質作用，但是，當心理因而得到了滿足，其他的都已經不再重要了。

或許有人這樣的買賣存有著爭議，但是不可否認的是，這些土地權狀不僅滿足了某些中國人的美國夢，更滿足了摩格創造財富的夢想。

一點創意帶來一個奇蹟。這無論對摩格或是標得權紙的人來說都是完美的結果，對於正想創造全新人生的你來說，從中是否也產生不一樣的啓發呢？

懂得「搞鬼」，就有成功機會

挑動人們的好奇心與冒險慾，只要用心發揮創意及想像力，便能創造財富。

日本經營之神松下幸之助曾說：「做生意要有洞察行情與先發制人的能力，因為這是真刀真槍的決鬥，只許贏，不許輸。」

在商戰場上，成功的謀略不在於怎樣擊敗對手，而是能否想出最吸引消費者的行銷創意或是商品。

仔細想想，市場上許多生意興隆的商店不都是以創意取勝？所以，創意是創造機會的重要元素，經營者的創意更是開拓市場的重要方法。

陳主任原本是酆都的一家信用社重要主管，原本收入穩定的他，卻在兩年前辭去了這個鐵飯碗。

一開始，他並未決定自己的未來，約有一年半的時間都在遊山玩水，對此家人經常嘆氣說：「你爲什麼要辭職？每天都只知道玩！」

面對家人們的不諒解，陳主任並沒有多說什麼，因爲他一直相信：「人生隨時都可以開始，雖然目前還沒找到明確的方向，但我一定會找到。」

支持自己的力量並不需要太多，只要一個信念就夠了！就像陳主任一樣，這天在山上遊覽時，突然聯想到了《楊產經》一書上說的：「鬼神大多居住於高峰、石壁和山洞中。」

「酆都的傳說本來就很多，人們也對此十分好奇，如果朝這個方向進行，應該會很有機會！」他心想。

不久，他在酆都的各個山洞內裝上音箱、燈光和電力，結合現代科技讓「鬼魅氣氛」出現在酆都城裡大大小小的山洞內，而旅客們聽說後也紛紛前來這座「鬼城」遊覽，想親自感受一下「鬼洞」的恐怖氣氛。

陳主任的新人生因爲「搞鬼」而變得更加豐富、精采，每當他看見來自世界各地的「鬼」迷們在洞穴裡驚叫連連，總是開心地對他們說：「哈哈哈，你們別被鬼嚇到囉！」

有好的想法 要有聰明的做法

鬼是否眞的存在至今仍然無人能證實，也因而讓人們對於這樣若有似無的「鬼玩意兒」充滿著好奇，於是各式以「鬼」爲創意主題的商店紛紛出籠，而且生意比想像中還要好。

就像「鬼城」中的「鬼洞」一樣，挑動著人們的好奇心與冒險慾望，或許連當初決定轉行的陳主任也沒料到有如此成功的結果吧！

其實，故事的重點仍在「創意」。鬼魅的有無並不是重點，重點在於其中的「氣氛」，當恐怖的燈光在洞穴裡放射，再加上忽然出現的鬼叫聲響，旅客們充分地享受著來到鬼魅世界的恐怖樂趣，這正是鬼洞成功的原因。

從陳主任辭職的時候，在遊山玩水的過程中對自己的期許：「人生隨時都可以開始，我一定會找到方向！」我們看見了一個成功者的堅強士氣。沒有反駁，也沒有退縮，他快樂自在地遊山玩水，然後在這其中發現創意，開展了他的人生。

對於還在尋找人生目標的人來說，陳主任的經驗告訴我們：「只要用心發揮創意及想像力，你一定能找到生活的目標。」

從失敗中找出突破困境的方法

經商的過程與經營人生一樣，遇到了挫折得靠自己去面對，成功更得靠我們的雙手完成。

遇到困難，我們要先懂得保持冷靜，然後才能客觀地面對眼前難關，毫無怨尤地迎戰生命中的困境。

經商更是如此，所有的失敗經驗都是經營上不可或缺的歷練。或許這段犧牲很難計數，但是，若能從中了解市場上的眞正需要，等未來收穫的那一天，必定能擁抱最豐盛的結果。

年屆五十八歲的商人麥士，辛苦工作了一輩子才累積了一萬五千元的積蓄。然而，他的艱苦人生似乎尚未結束，就在他還想繼續打拚的時候，他的雙眼罹患了白內障。

視力嚴重受損的他，再也不能開著車四處旅行，就連基本的閱讀和寫字的能力也開始退步了。

病痛纏身確實很容易讓人變得沮喪，他擔心無以爲繼，更不想妻子和孩子們與他一起挨餓、受苦，於是，放棄的念頭不斷地在他的腦海中出現。

所幸就在一次轉念間，他忽然想到：「視力不良的人眞的好可憐，不僅生活不便，還會拖累身邊的人。我們連基本的生活能力都沒有，如果……如果我能想出一些方便生活的東西，不僅能便利自己，更能造福人群！」

於是，他埋首研究，最後和朋友研究出了一種特殊的字體，這個字體印在紙上後是一種粗斜紋的字體。

他發現，這個印刷字體不但對視力不佳的朋友們大有幫助，即使一般視力正常的人閱讀這樣的字體時，閱讀速度也會變得出奇的快。

研發出這個字體後，麥士開心地想：「這不只能造福人們，更是一個極具潛力的商機。我得盡快推廣。」

於是，麥士將他存款簿裡僅有的一萬五千元全數投入這項新研究。

他先在加州設立了第一間印刷工廠，接著，他將這個特別的印刷技術運用在《聖經》上。沒想到，透過《聖經》，麥士的印刷廠在短短的一個月內便接到了七十萬本的訂單！

有好的想法 要有聰明的做法

麥士面對生命挫折的方法，非常值得我們效法，他從親身經驗中體悟到生命的各種可能，即使他也曾動過了放棄的念頭，然而他並沒有眞的放棄自己，

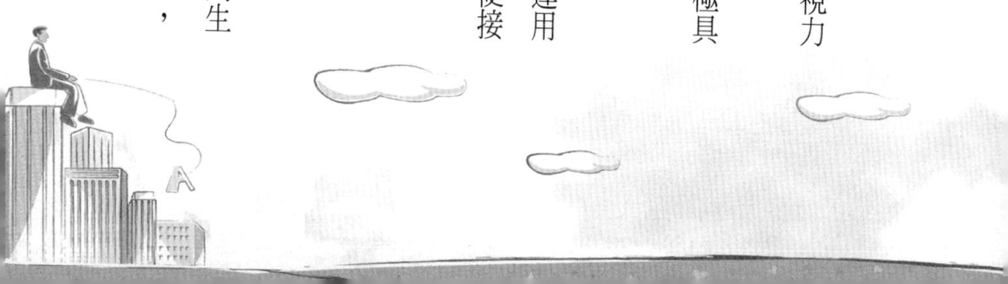

反而從自己的親身感受中設身處地著想，體會到其他病友們辛苦的生活，進而期望自己能突破這樣的難關。

當「斜紋字體」研發出來後，麥士的人生也有了開始。

我們也從他的努力中了解到：「我們都是自己生活的主人。只要用積極、樂觀的態度生活，每一個悲苦、挫敗的人生經歷都會很快地過去，屬於我們的精采生活將再度重現。」

經商的過程與經營人生一樣，遇到了挫折得靠自己去面對，成功更得靠我自己的雙手完成。人生中任何道路都不會是平坦的，無論是小石頭或是大溝渠，再多的崎嶇都得學會自己克服。只要能靠自己走過，自然能夠去享受人生路上的眾多風景。

懂得動腦，才能成功行銷

所謂「快樂無價」，當消費者的購買慾望得到了滿足，其實再貴的價錢他們都捨得花。

我們都有相同的經驗，遇到了脾氣不好或服務不佳的銷售員，此後再也不願踏入那家店。也就是說，店員的表現是否能得到顧客的滿意和肯定，才是業績長紅的重要因素。

再好的產品也要有微笑迎接的銷售員，即使是簡單的購買與販售關係，其中仍然脫離不了人與人之間的互動。

所以，想促進商品的銷售量，在展現專業能力的同時，更要讀懂消費者的

心意，這其實也是表示銷售誠意最好的方式。

你必須具備的智慧

有位西裝筆挺的中年男子緩緩地走到了玩具櫃台前，停下腳步，仔細地看著櫃子上各式玩具，想買東西送給小朋友。

這時，銷售小姐立即主動迎上前去，親切地問他：「先生您好，不知道您的小孩年紀多大了？」

「六歲！」男子說著，把剛剛拿在手中的聲控飛碟放回了原位，接著目光又轉向其他玩具的身上。

此時，銷售小姐微笑地再度拿起了聲控玩具，開始熟練地操作著，並向男子仔細地解說著：「其實，孩子們如果能擁有這件玩具挺不錯的，這個玩具能培養他們的領導能力。」

男子聽完她的解說，好奇地看著這個玩具，銷售小姐見狀，連忙將她手中的聲控器遞到男子的手中，讓他親自試玩一下。

男子試玩了幾分鐘後，便問：「這套玩具要多少錢？」

銷售小姐笑著說：「四百五十元。」

「這麼貴，四百元比較剛好。」男子不滿地說。

「怎麼會貴呢？先生，您想想看，這個玩具可以培養令郎的領導才華，相差的這五十元絕對物超所值吧！」銷售小姐聰明地回應。

銷售小姐稍稍停頓了一下，接著拿出了兩顆乾電池說：「這樣好了，這兩顆電池我免費送給您！」說完，她立即拆開了一個新的聲控玩具飛碟，連同這兩顆電池，一起塞進包裝袋裡遞給男子。

只見男子一手掏出了錢說：「不用試一下嗎？」

「品質保證，若有任何問題，隨時都可以回來找我！」銷售小姐邊說，邊遞上她自己的名片。

我們都知道，一個專業的銷售員除了熟悉自己販售的商品性能、特色、優點和用途之外，更要讀出消費者的心理，然後才能以最有效的推銷話術來誘導他們消費，就像故事中販售玩具的銷售小姐。

從玩具推銷員的推銷技巧中，我們更發現，其實只要能讓消費者充分地相信產品品質，那麼價錢不一定會是他們的考量。所謂「快樂無價」，當消費者的購買慾望得到了滿足，其實再貴的價錢他們都捨得花。

銷售人員如果懂得這個道理，自然懂得怎樣與消費者溝通了。

就像故事中的銷售小姐一般，站在顧客的角度思考，從「父親」的身份思索到父親對「孩子」的期望，進而讓玩具和「領導能力」產生連結，這些都有一定的脈絡可循。只要銷售人員願意多花一點耐心動動腦，便能讓手中的產品全都遞到消費者的手中。

PART 8

把創意要得不著痕跡

「創意」是財源廣進的重要媒介，
而「挑動」消費者的好奇心更是
想招財的生意人最重要的必勝招數。

「投其所好」是經營學的第一要訣

從消費者的偏好著手，穩穩地抓住市場的脈動與消費意向，「迎合」正是最成功的經營技巧。

在商戰場上，「投其所好」的策略應用得十分廣泛。不論是產品本身，或是用來推銷商品的行銷廣告或決定標價時，怎樣才能迎合消費者，向來是決策者在圓桌上討論時的第一要項。

其實，消費者喜歡什麼並不難測，在這個口味多變的市場上，只要懂得迎合消費者的喜好，善於把握這個發展重點，能滿足消費者的心，那麼不管經營者怎樣轉換經營模式，消費者的忠誠度始終都不會改變。

二次世界大戰一結束，日本國內立即陷入窮困的深淵，當時的人們無心進行多餘的休閒娛樂，在他們的心中只想著：「怎樣才能溫飽？」

剛從西伯利亞戰俘營回國的平內壽夫便是一例。雖然他滿懷抱負，但是依當時的情況，他也只能幫助父母經營一家小電影院，但戲院裡少得可憐的觀眾，幾乎無法維持平內壽夫一家人的生計。

平內壽夫心想：「這可怎麼辦才好？每天進門的客人這麼少，根本入不敷出，一家人怎麼活下去啊？」

平內壽夫望著手中的戲票，忽然間想到了一個方法，連忙對父母親說：「爸媽，我們來辦促銷活動吧！平時一場電影只放一部片子，我們不如改為一場電影放兩部片子。」

父親一聽，滿臉愁容地問：「這樣好嗎？會不會虧本呀？」

「試了就知道！」平內壽夫信心滿滿地說。

沒想到，聰明的平內壽夫猜中了消費者的心，觀衆們在佔便宜心理驅使下紛紛到影院看電影，票房收入大爲提升，不久，平內壽夫便靠著放映電影累積了一筆可觀的收入。

後來，日本經濟慢慢地恢復了，各種事業百廢待興，平內壽夫再度看準了這個趨勢，拿出所有積蓄成立一間設備豪華的電影院。這間現代化戲院一開張便造成了轟動，再加上戲院內特別設立的各式餐飲部門，平內壽夫可說是讓觀衆的錢，一個子兒也不漏地往這個戲院裡塞。

只用了五年的時間，這座電影院便讓平內壽夫的口袋再度裝滿了，而且還讓他名利雙收，成爲日本著名的企業家！

有好的想法 要有聰明的做法

很少有人能預料到生活的新契機何時出現，不過我們至少可以預測到，無論環境多麼困厄，也不管夢想實踐的機會是大是小，只要全力以赴，懂得用勇氣和智慧邁向未來，那麼未來的人生都有無限的可能。

從在平內壽夫的經營態度中可以發現，因爲戰爭而磨練出一身勇氣的他，面對著萎靡不振的市場，仍然努力地挖掘出一個能讓他實踐心中抱負的機會。他的成功也強烈地激勵著我們：「縱然外在環境再惡劣，最重要的還是你自己有沒有成功的企圖與拚搏的勇氣。」

從消費者的偏好著手，平內壽夫穩穩地抓住了市場的脈動與消費意向，使娛樂消費成了人們生活中固定支出的一部份。

而「迎合」正是他在案例中表現的經營技巧，從「貪小便宜」的消費心理，再到多角經營的市場獨佔策略，在在都顯示著平內壽夫的成功企圖，與實踐心中抱負的決心。

把創意要得不著痕跡

「創意」是財源廣進的重要媒介，而「挑動」消費者的好奇心更是想招財的生意人最重要的必勝招數。

在商場上，所有的創意行銷推都有一個共同目的，都是爲了挑動消費者心中的好奇蟲，進而成功地誘發消費慾望。

這些重要的創意來源，其實全都存在於日常生活中，只要能認眞地觀察，並懂得把生活經歷融會貫通，運用於行銷之中，那麼這些感悟和啓發便將會成爲開創人生新風景的重要輔助。

在繁華熱鬧的曼谷城裡有一間相當豪華的夜間酒吧。

這間酒吧的老闆為了吸引顧客，在門前擺放了一個巨型酒桶，上面還寫了四個醒目的大字：「不許偷看。」

令人意外的是，這個看起再簡單平凡不過的四個大字，不知何故，竟然招攬到難以計數的人潮。

好奇的強尼為了找出其中原因，決定到酒吧調查：「我要到酒吧的店門口觀察一下其中玄機何在。」

強尼仔細觀察之後，果眞讓他找出了原因。

原來，每一個路過的人一看見這幾個大字，反而都忍不住走近，雖然上面明明寫著「不許偷看」，但是來來往往的過路人卻全都壓不住心中的好奇，一個個都把頭探到桶子上，企圖看個究竟。

只是，當他們走進桶子身邊一看，卻發現桶裡什麼東西也沒有，只有在桶底另外寫了一行字：「本店美酒與眾不同，請進。」

此外，最重要的誘因是，這只曾經裝過芳香醇酒的桶子的餘味，在路人們好奇探看時，輕輕地飄進了他們的鼻子，更引發了每一個人的酒癮。

儘管有不少人大聲地說：「上當啦！」

但是，明知道被騙了，他們最後卻全都快樂地結伴一同走進這間酒吧。

結果呢？

老闆當然是笑呵呵地說：「謝謝！貴客臨門，生意興隆！」

有好的想法 要有聰明的做法

「創意」是企業財源廣進的重要媒介，而「挑動」消費者的好奇心更是生意人最重要的必勝招數。

就像酒吧老闆的趣味點子一樣，在兼具創意與挑動好奇心的行銷技巧下，酒吧的人潮自然湧現。

雖然，酒吧老闆只用了「不許偷看」這樣平淡無奇的四個字，但就行銷理論來分析，只要能挑動消費者的好奇心，這項行銷計劃就已經成功了。

從這個成功案例，我們可以這麼說：「其實，廣告行銷無須怪異、誇張，即使創意平凡無奇，只要能不著痕跡地誘惑人們的心，引誘他們靠近了解，那麼這就是個絕妙好創意。」

很多時候，創意就像那只簡單的舊酒桶和兩行平常的大字，都是我們在生活的角落裡唾手可得的東西。

換句話說，那些絞盡腦汁的想像從來都不會是憑空出現，只要我們認眞汲取生活中所有的經驗，自然能發現開啓財富之門的行銷創意。

為自己建立獨一無二的特色

只要能為自己找到一個無可取代的地位，那麼無論市場上的競爭多麼劇烈，你都會是唯一選擇。

經常有人會問：「我要怎麼做才能穩固自己的地位？」方法其實一都不難，只要能讓自己成爲一個無可取代的人才，你自然就能長久保住自己的位子。

就市場的競爭來說更應當如此，發展腳步要能與時俱進，經營策略更要能隨著時代的變化不斷修正。如此一來，企業才能長久保有獨一無二的特色，以維持在市場上無可取代的地位。

有間新開業的酒廠決定與一間業績長黑的玻璃工廠簽訂合約，此舉引來不少同業的議論。因爲該酒廠對於酒瓶的品質要求很高，這間瀕臨倒閉的玻璃製造工廠，不管從任何角度來看，都不是一個好的合作對象，因此，他們認爲酒廠的決定並不明智。

其實，做這項決定是因爲玻璃製造商的合作誠意極大，讓酒廠樂於與他們合作，例如在價格上他們便完全答應酒廠的要求。

事實上，對玻璃製造商來說，答應這個接近成本的價錢是情非得已。由於這間玻璃工廠正處於低潮期，如今總算等到了顧客上門，當然要緊緊把握住這個機會。雖然對方開的價錢實在無利可圖，但是廠長幾經考量，最後還是決定接受了酒廠的要求。

不過，看似大吃悶虧的背後，其實聰明的廠長另有打算，他果斷地接受了

對方的條件，並立即與他們簽訂了一年的合約。

很快地，一年期限屆滿，酒廠正等著玻璃廠來續約，可是左等右等就是不見廠長到來，最後酒廠老闆只好親自上門。

只見玻璃廠長熱情出來接待，這時酒廠老闆客氣地問他：「不是說要續約嗎？你們怎麼遲遲未到？」

「實在很抱歉，因爲我們的會計部門還未算出新合約的合理價錢。」廠長滿臉抱歉回答地說。

酒廠老闆一聽，不解地問：「價格有什麼問題？不是和上次一樣嗎？」

廠長笑著說：「我們也很想一樣啊！但是，你也知道，近年原料漲價，如果我們不調整價錢，酒瓶的生產情形恐怕會出狀況啊！」

酒廠老闆一聽，臉上立即露出不滿的神情，雖然當場並未答應對方的條件，但是延遲一段時日，最後還是妥協了，而且這回換成了酒廠全盤接受了玻璃廠所提出的合約要求。

之所以會有如此結果，全靠玻璃公司廠長獨到的遠見，當時酒廠提出了瓶型與色彩的要求後，廠長也立即評估出未來的發展機會：「如此獨特的瓶子和色彩肯定沒有多少家廠商做得出來，只要我們掌握到了其中配方和技術，那麼肯定無人能取代。」

事情果然如他所預料，酒廠雖然曾經尋找其他玻璃工廠商談合作事宜，但是由於這款玻璃瓶的製造與配方等相關技術，研發成本對他們來說還沒辦法預估，再加上酒廠要求的低廉的價格他們根本無法接受，因而酒廠最終還是回頭和玻璃廠繼續合作。

有好的想法 要有聰明的做法

所謂「吃虧便是佔便宜」最適宜用來形容玻璃製造商的策略。爲求生存，每個人都會有突破困境的方法，有人靠的是勇氣，有人則是像故事中的廠長，耐心地隱忍退讓，直到時機成熟，自能突破難關。

這場狡詐的商戰過程中，廠長也充分地表現出一個成功經營者的「深謀遠

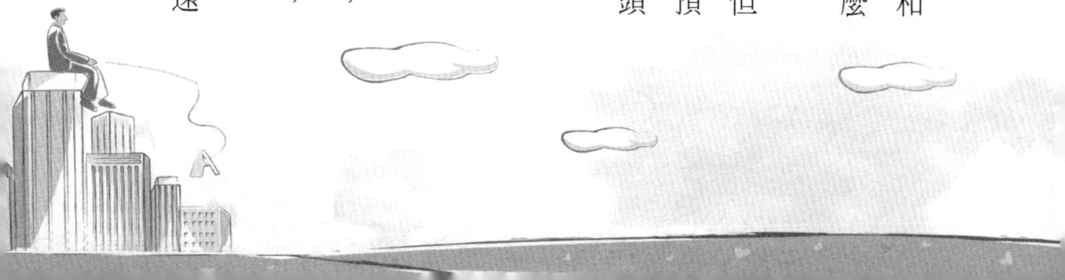

慮」特質，爲求公司長久生存而構思出完美的商戰謀略，如此縝密且計劃周詳，確實値得許多經營者學習。

有句成語「上屋抽梯」，正可以拿來分析玻璃工廠領導者的經營謀略。爲了保障自己的權益不受時間與其他競爭者干擾，他讓酒廠佔點便宜，來爭取合作機會，在完全掌控了這種獨一無二的酒瓶製造技巧後，再要求合理的利潤，這時無論其他業者採取怎樣的方式，條件都不會比自家玻璃廠更好，酒廠也因此接受新的價格。

這是經營者維護自身利益的最佳辦法，只要能爲自己找到一個無可取代的地位，那麼無論市場上的競爭多麼劇烈，你都會是唯一選擇。

改正缺點，就是最好的賣點

只要在等待時機的過程裡，能充分累積並積極修正缺點，那麼在遲人半步之後，便能以加倍的速度超越對手。

商場競爭強調「凡事都要比別人早一步」，萬一態勢已經「遲人半步」又該怎麼辦呢？

「遲人半步」之時不能賴在某一個地方枯坐、等候，在選擇前進或後退時，要懂得把握適當的時機，知道如何計算那「半步」之間的距離和時間，並設計出更加完美且更高品質的產品或廣告行銷，如此才能眞正地達到後來者居上的目的。

爲了讓接下來的步伐都能大步跨出，喪失先機之時不需急躁前進，「好好充實」才是第一要務。

你必須具備的智慧

錄影機的技術是由日本新力公司首先發明的，該公司的貝塔馬斯牌錄影機在市場上取得領先地位後，松下公司才剛經由市場調查，了解到消費者最想要的錄影機功能項目。

除了會計部門擔心產品太晚上市，未能搶得先機之外，研發部門及松下先生全都老神在在地繼續討論產品的功能，對於何時上市卻隻字未提。

市調人員這時站了起來說：「問卷調查結果是，大多數消費者都要求錄放影機能夠放映更長時間，而且使用要能再方便一些。」

於是，松下研發人員以新力公司的錄影機爲基礎，另外設計出一款容量更大、體積更小的錄影機系統，它的性能不僅更多元而且使用更方便，價格也比貝塔馬斯更低一些。

當松下公司的樂聲牌和RCA牌兩種錄影機一上市，果然一舉攻進消費者的心。他們不僅佔領了新力公司的市場，更成爲日本電器市場的重要品牌。據了解，最輝煌的時期，全日本的佔有率高達三分之二。

有好的想法 要有聰明的做法

或許有人想問：「在如此競爭激烈的時代裡，怎麼可能遲人半步，最後卻還能後發先至呢？」

當然有可能了！就像故事中的新力公司與松下公司的情況，從產品本身來討論，我們都了解，無論產品多麼新穎或先進，都很難完美無瑕，而生產者本身對自己苦心研發出來的產品，能夠搶先一步上市，大都十分滿意，沉浸於喜悅之中，根本無心「抓問題」，因此看不見自己的不足。

因此，晚半步的松下公司，反而能在新力公司急於發展與發表新產品時，

看見了其中的缺失與不足，並且針對這一缺失加以修改。

不被市場銷售的成績所困，也不因爲競爭對手搶先一步而亂了陣腳，這些都是松下公司至今仍能歷久不衰的原因。

晚別人半步並不是件壞事，只要在等待時機的過程裡，能充分累積並積極修正缺點，那麼在遲人半步之後，便能以更快的速度超越對手。

想取得市場的領先地位，最重要的就是能看出自己產品的不足。因爲，不能及時發現並克服產品的缺陷，所有的等待都是空等，即使有再好的發展機會都會與我們擦身而過。

「遲人半步」的最佳狀態是靜觀默學，好好地準備自己，然後在自己生產和研製過程中揚其長、避其短，唯有如此，才能戰勝對方，取而代之。

了解市場區隔，才能迎合消費者

不知道市場上有哪些不同的聲音，根本難以掌握市場的變動，要準確迎合消費者的需要，工作要分工，行銷當然也要分門別類。

在這個市場上，每一個經營者最重要的功課就是：「了解消費者。」因爲年齡不同、族群不同，也因爲性別不同，面對相同的產品，每一個人都會有不同的選擇取向。

換句話說，即使是同樣的產品，只要在行銷或是產品包裝上多元且靈活地設計，讓大多數消費者都能感覺到這是他們想要的，那麼無論各個消費族群的喜好差別有多大，這個產品都會是他們的最佳選擇。

美國華府食品工廠的經理這天乘著火車，要到南方拜訪親友。

這時，前面的車廂忽然傳來嘈雜的聲音，人們似乎在搶購什麼貨品，好奇的他因而忍不住擠上前去探個究竟。

「咦？沒想到是在搶購我們生產的羊羹餅啊！」經理忍不住驚呼著。

原本華府食品工廠的羊羹餅就頗受人們歡迎，因爲吃過的人都說：「口感極佳，味道美極了！」

出現搶購熱潮，當然是因爲這些讚美聲音，不過消費者的要求從來都是多元的，因此在讚美聲之外，還是免不了一些不滿的聲音。

有位購買者便說：「這羊羹餅的確好吃，相當適合作爲孩子們的零嘴。不過，孩子們的嘴巴那麼小，根本沒辦法一大口咬下這塊大餅，所以我每次都要將羊羹餅切成一小塊一小塊來餵他們，實在有些麻煩。」

經理一聽，心想：「嗯，這個問題一定能解決的！」

於是，仔細聽完消費者的聲音後，經理連忙改變行程，回到工廠修正這個「不足」。不久，華府羊羹餅有了新的包裝規格，一個是更適合孩子們的小嘴品嚐的規格，一個則是原來大人們買來送禮的包裝。

新規格一上市，果眞帶來了超高的買氣，業績更是好到連經理都感到吃驚。因爲當初他們評估大約小幅成長一些而已，後來卻是長銷熱賣，光是這個新產品包裝便爲公司帶來了巨大的利潤。

有好的想法 要有聰明的做法

爲什麼只是改個規格，便能出現這樣的銷售奇蹟呢？

其中道理其實很簡單，就是市場經營學中的市場消費族群問題。將市場消費族群仔細分類，並根據不同消費族群的不同需求，進而將整個市場分割成兩個或更多個市場，然後針對各族群的不同需求，瞄準市場目標，這就像華府羊羹餅修正過後的行銷方式。

想成功推銷自己的產品，經營者首先得「認識市場」。不知道市場上有哪些不同的聲音，就無法掌握市場的變動，或準確迎合消費者的需要。所以，懂得市場上的需求分佈，才能正確選定發展和推廣的目標。

工作要分工，行銷當然也要分門別類，越仔細且越清楚地分別消費族群，當然越有利於企業的發展。當市場反應聲音一出現，經營者便能迅速地把握機會，即時滿足市場的需要，當然最大的受益人會是經營者自己。

為消費者著想，就能打開市場

在商場上想贏得市場，要能了解民心、配合民情，得先走進人群，深切地了解消費者的內心想法與需求。

我們可以這麼說，消費者通常都會認爲自己很聰明，也都自認爲不會被騙，但事實上，當他們面對故作迷糊的商人，或是商人們以退爲進的行銷技巧時，聰明始終都派不上用場。

換句話說，商人們無須花費過多的心思在行銷花招上，只要能多了解消費者的心，無論怎樣出招，肯定都能輕鬆打開市場，創造業績。

早年，大多數人對於保險業務員都頗爲排斥，因爲對大部份的人來說，平日生活費都不夠用了，哪有多餘的錢來支付人壽保險？

於是，面對這群能言善道的壽險業者，很多人在不知道該如何拒絕的情況下，只好強烈地排斥他們，敬而遠之，以避免不必要的糾纏。

但是，壽險業者爲了說服顧客們簽下一份又一份的保單，仍然得絞盡腦汁思考，尋求更多樣的促銷招術，和更多元的行銷手法來刺激消費，而其中當然不乏成功促銷的案例。

例如，有家壽險公司便想出了一個「認識保險」的構想，大老闆署名在報紙上發表了一篇〈討厭的人壽保險〉的文章，內文還提出了許多問題與讀者互動，只要讀者答案正確，就會贈送一份獎品給讀者。

沒想到讀者們的反應十分熱烈，在這篇對自家保險充滿質疑的文章中，大老闆故意打出這行反諷的題目，事實上文與內容出入極大，這當然也會引來熟悉手中保單的消費者們熱烈討論：「聽說某家壽險公司老闆寫了一篇否定自己的文章，你看過了沒？我手中的保單會不會像他說的那樣？」

聽說保險公司批評自家的保險，吸引了不少人的目光，人們聽說後都忍不住想找出這篇文章，看看人壽保險公司的大老闆怎麼說。

就這樣，一篇自貶的文章題目引來了人們的好奇，也帶動了人們研究人壽保險相關議題的熱潮，在讀者們爭相解答的氣氛中，研究「壽險」忽然間成了一種潮流，這家壽險公司也因而聲名大噪。

有好的想法 要有聰明的做法

藉由正話反說的方式來做行銷，果然能吸引人們的注意。如此一來，不僅能誘使消費者主動尋找壽險保單的相關條例，更直接地讓他們對壽險業務有了更深一層的了解。壽險業者在這樣的過程中，最大的收益正是讓消費者對於購買人壽保險的意願變高了。

案例中的壽險公司身在壽險業卻提出質疑本業的議題引起大家的注意，在那個大多數人都對保險業存疑的氛圍中，這篇文章不只挑動了人們的好奇心，更博取了人們的認同，於是在不知不覺中，消費者對該壽險公司的相關業務也慢慢地產生了信任。

「保險公司罵保險」，這招的確相當絕妙，發表站在消費者立場言論的同時，更刺激了民眾想深入了解壽險的慾望。

在商場上想贏得市場，必定要能了解民心、配合民情。

就像這篇〈討厭的人壽保險〉廣告文宣一樣，得先走進人群，深切地了解消費者的內心想法與需求，然後才能眞正地完全溝通彼此的意見，並成功獲得人們的信任與投保意願。

面對危機要懂得為自己找出路

累積能量應與積極開拓同時並進，這樣我們才能不會被突如其來的危機所擊倒。

經商時遇到的問題與麻煩十分繁多，想成爲成功企業家的人面臨的危機艱難往往超乎想像。但是每個人都知道，成爲企業菁英若少了這一段歷練，即使坐上了龍頭寶座，不久便會因爲缺乏危機處理能力而失去一切。

在商場上別奢想一帆風順，更不能害怕遇見困難，只要迎戰觀念正確，這些難關都一定會走過。

堅尾電子公司剛成立時，是一家只有十幾名員工的小公司，這家總投資額只有五十萬日元的小型企業，抱持著「開發即經營」的態度，積極投入計算機的研究，像最著名的「直道程式核對迴路」設計，便是在一九九五年由他們一手完成的新技術。

在創立的第二年研發出來的「卡西歐一四A型」計算機，便是他們成功研發出來的第一款計算機。獨特的數字表示方式、更快的計算速度及簡單合理的操作程序等特點，使他們一舉攻佔消費市場。

堅尾兄弟的創業之路，在他們的努力之下，奠定了最堅實的基礎。

「一四A型」誕生之後，他們先後開發出「一四B型」和「三〇一型」計算機，這些新產品全因第一部計算機建立了好口碑，直接取得了消費者們的信任與接受度。

不過，好運似乎並沒有持續眷顧堅尾兄弟，原本營運狀況十分好的他們，因爲聲寶公司的出現而面臨危機。

當時聲寶公司無預警地推出坐式電子計算機，而且一鳴驚人，舉世矚目，產品還風行全球。反觀堅尾公司，銷售額不僅因此急劇下降，倉庫裡囤積產品的情況更是日益嚴重。

所幸，面對如此強勁的對手，堅尾兄弟並不氣餒，他們積極重振信心，並且花費更多心力投入開發新產品。

堅尾大哥曾說：「我們要累積自己的實力，來對付聲寶。」

不久公司成立了一個專門研究電子技術的部門，先後推出了「卡西歐S型」及「卡西歐電晶體計算機」，而且深受消費者們的歡迎。

這個成功結果立即增強了堅尾公司全體員工的信心，不過他們並不因此而感到自滿，隨即他們按照國際商用規格，開發出了新的產品「卡西歐一〇一型」計算機，打開了國際市場的大門。

要有聰明的做法
有好的想法

卡西歐公司的成功全靠堅尾兄弟的自信，雖然對手聲寶無預警的搶攻，曾

經一度造成他們的發展危機，但是努力走過艱辛的堅尾兄弟，不因遭受困境而氣餒，反而從這次遇挫的經驗裡學到了未雨綢繆的重要，更了解：「累積能量應與積極開拓同時並進，這樣才能不會被突如其來的危機所擊倒。」

我們都知道，創新與高品質是卡西歐產品至今聲名不墜的原因，他們兄弟創造的奇蹟全憑「勇氣十足」達成的。

你正因挫折而自怨自艾，一蹶不振嗎？看看堅尾兄弟的成功故事，或許你會發現，原來我們所遇到的挫折根本不值一提。

雖然，面對困難比積極創造更爲不易，但是爲何企業家們遠大的夢想往往比平凡人心願來得更容易實現呢？

那是因爲他們與堅尾兄弟一般，勇於面對困境，當大多數人只遇到小挫折便退縮時，他們總是會大聲對自己說：「別害怕，一切都在我的掌握中！」

培訓人才就是創造錢財

聰明的經營者要懂得拉攏員工的向心力，一個肯給員工機會且捨得培養人才的公司，未來是無可限量。

不吝於培養人才，才能眞正地擁有人才，這樣的付出其實也相當適用於商業發展上。當員工們積極地訓練自己成爲可塑之才時，如果公司也願意積極鼓勵並給予實質幫助，那麼公司的付出，必然會得到相對的回饋。

在細心經營策劃的背後，不必有太多謀略，只要能多一點互助、體諒的心思，想創造雙贏的結果並不是件難事。

一九八九年，電子產品市場成長出現疲態，當時中國的一家電腦公司卻仍能領先全國，這家約有二百多名員工的工廠，每年生產量大約一千四百二十一台電腦，實際利潤便有一百二十一萬人民幣。

這在當時是相當龐大的金額，對於這樣的好成績，廠長歸功於這兩個經營方法：「銷售方式創新，售前培訓周到。」

他們的創新之舉，乃是組織一支專職的講師團隊，然後再分別派他們到全國各地免費舉辦電腦講座，仔細讓消費者和經銷人員了解這些新出產的電子產品的功能和特色。

此外，他們還會經常舉辦培訓班，培養更多專業的銷售人員。當初講師只有幾個人，至今則發展到數十人，每一次報名參與培訓的人也達到了五萬人。

在越來越多人了解電腦廠的特色與相關產品的功能之後，市場上對於該產品的認同與需求量也日漸提升。

很快地，該廠所生產的電子產品迅速地成爲市場主流，無人能取代。

其實，這家電腦公司在決定免費培訓員工之時，曾經有人提問：「這樣，公司不會賠錢嗎？」

當時，廠長卻自信滿滿地說：「不會的，表面上公司看起來是多付了一筆成本，實際上這筆錢是用來投資產品的研發與生產，曾經有客戶便從中學習或爭取到參與研發的機會，因而直接與公司共同創造了非凡的業績。」

要有聰明的做法
有好的想法

誠如這家電腦公司廠長說的，培訓員工其實等於幫助自己。在這樣多元的培訓環境裡，對員工來說當然是件好事，但事實上，這樣的學習環境對老闆們來說更爲有利，畢竟當所有員工都肯努力地爲自己加分時，自然能從中看見企業的發展前景。

美國經濟學家卡斯特在《組織與管理》一書中強調：「企業的目的是生存、獲利與佔據市場。為消費者服務、發展生產是企業行為的永恆命題，實現這些目標所使用的方法雖然千變萬化，但都離不開人才培訓。」

這是因爲，培訓人才就是爲企業創造錢財。

從這家電腦公司努力地培養人才的苦心中，我們也很清楚地發現到，他們售前培訓與售後服務的細心。在不斷提升的報名人數中，我們也很清楚地看見了公司日漸壯大的風光。

和人的成長一樣，聰明的經營者不應該短視近利，只知實踐刻板的企劃書，還要懂得額外付出，設法拉攏員工的向心力，在這個隨時都有學習機會的環境中，一個肯給員工機會且捨得培養人才的公司，未來當然無可限量了。

搶得先機，就有無限商機

經商不能怕史無前例，因為在商場上，所有能佔得一席之地的，向來都是開創先例的領導者！

福特汽車的創始人亨利．福特曾經提醒所有的企業經營者：「商場就有如戰場，爭取時機就是致勝之道。」

經商之道最重要的就是要「早別人一步」。

能比別人早跨出一步，機會自然會比別人多一些。如果經營者的腳步能趕在競爭對手之前第一個在市場上出現，那麼可以很肯定地說：「不管對手的實力有多好，他們始終晚你一步，輸你一著。」

一九七九年初，中國大陸放寬各國家用電器進口的限制，此外，還特別允許旅客攜帶外國的電視機入境。

法令一公告，觀察力靈敏的日本商人就發現了其中蘊藏的商機。

不久，日本商人評估出中國大陸的市場潛力，緊接著他們便迅速成立了專銷中國的電視機生產線，同時展開廣告宣傳大戰。

他們先是在各大電視台上發聲宣傳，接著便在當地各大報章雜誌上刊登相關廣告，一時間日製電器的廣告處處可見，廣告接連刊出之後，消費者對他們的產品印象及好感也日漸加深。

因爲懂得先聲奪人，所以讓他們搶得了先機，這讓後來才加入戰局的英、美、德、荷各國備感吃力，畢竟，日本公司早已佔據了當地消費者的心。

基礎打穩後，日本代理商更進一步利用這個有利之機。他們緊緊地抓住時機乘勝追擊，積極地尋找合適的報刊刊載他們的廣告，甚至商請關係良好的報社，在發刊至中國境內的一些「特刊」裡，留下一個版面給他們，讓他們可以放置教導中國人民如何選擇電視機的文章，或是在關於電器或音響設備的版面上留下空間，讓他們可以提供關於日製電視機的資料。

透過媒體攻勢，日本電視機果然迅速地敲開了中國的大門，讓產品在中國消費者心目中樹立了極佳的品牌形象，從而一舉擊敗了強勁的歐美商人。

要有聰明的做法 有好的想法

「先聲奪人」是日本商人的謀略，爲了搶得先機，更爲了先發制人，早別人一步佔領市場，當其他商人還在觀望時，日商卻已迅速地評估出市場的未來潛力，也望見了無可限量的發展機會。

從案例中我們也學習到了，經商不能老是等待時機，那與累積個人實力靜候機遇的情況不同，面對多變的消費市場，經營者若不能有積極的作爲，恐怕便要像故事中的歐美商人一般，錯失了最佳的銷時機，之後想再在這個市場上搶得商機，恐怕必須付出更昂貴的成本。

經商與求職的道理一樣，在看似要耐心等待時機的情況下，其實求職者和經營者都得各自面對著機會，這些機會不會憑空出現。因爲，機會是靠自己去爭取和把握的。

你看見機會了嗎？

別再等到看見別人成功之後，才手忙腳亂地跟上，就像日本商人在故事中分享的經營之道：「經商不能怕史無前例，因為在商場上，所有能佔得一席之地的，向來都是開創先例的領導者！」

PART 9

勇氣是 創造奇蹟的關鍵

不要老是要等到市場出現變動，

才知道修正自己的步伐，

更不要老是等待別人測試過後，

才有勇氣把新事物搬上台展現。

創造溫馨的購買氣氛

即使商品的知名度不高，因為與會者對朋友的信任與人情上的壓力，也能讓產品行銷達到最亮眼的成績。

大多數人都很害怕遇到緊迫盯人的售貨員。對消費者來說，他們就像是在防賊似地緊緊地跟著顧客的身邊，這樣的服務方式的確是一種惡夢，更是最不愉快的購物經驗。

於是，有人想出了家庭聚會的購物方式，在這種熟悉且溫暖的宴會環境中，不僅能免去售貨員緊盯的尷尬，更能讓消費者在這樣的溫馨氣氛中正確地選出他們最想要的產品。

在日本，夏露麗是一間專門生產女性內衣、胸罩、鞋襪等產品的公司，行銷方式是以舉辦婦女的聚會來推廣產品。

夏露麗的行銷經理說：「因爲婦女到百貨公司選購內衣或胸罩時，難免會感到害羞與尷尬，因爲她們不想讓人看見自己在試穿內衣，所以許多人都是沒試穿便買回家了。」

「那有什麼影響？」採訪者好奇地問。

經理說：「這個影響可大了！因爲很多人在回家試穿後才發現尺寸不合，最後只好送給別人。只是在不斷地選錯商品的情況下，她們的消費意願便會降低，這個影響對我們來說是十分嚴重的！」

針對這個情況，夏露麗公司企劃了一項貼心服務，他們針對女性顧客微妙的心理，創辦了家庭聚會式的販售方式。

「我們以家庭聚會爲主題，派出專業的女性行銷人員到場介紹相關產品，因爲現場全是熟識的親友們，因此她們心中的尷尬自然解除，而行銷人員便可以仔細地測量最適合她們的尺寸，讓每一位顧客都能找出最適合自己的貼身衣物。」經理親切地解說。

的確，經過了現場試穿與專業人員的分析之後，每一位顧客都能找到最適合自己的產品，因此而直接地刺激了婦女們的消費。

「在這樣輕鬆且愉快的購物氣氛中，顧客們的消費意願自然提高，再加上會員制與購物滿額送贈品的促銷，更是讓公司的業績不斷地成長。」這位行銷經理笑著繼續說。

有好的想法 要有聰明的做法

在直銷業中，不少公司的行銷方式都和夏露麗公司一樣，透過家庭聚會或是婦女交流的宴會中推銷他們的產品。在這類聚會中推銷產品，確實更容易說服人們消費，之所以行銷容易，正因爲行銷的氣氛與熟悉的行銷人員。

對消費者來說，各個行銷人員穿梭在熟識親友的聚會中，熱情地分享推薦手中的產品，藉著這樣親近又溫馨的聚會，自然能輕鬆說服與會人士的消費意願。當他們完成了最艱難的第一步之後，接下來，只要產品品質具有一定的水準，自然能再安排下一場聚會了。

某些行銷手法相近的直銷公司更爲聰明，他們透過這類型的聚會，請一同在這場聚會裡的親朋好友多加拉攏，即使商品的知名度不高，因爲與會者對朋友的信任與人情上的壓力，他們也能讓產品行銷達到最亮眼的成績。

這是一種「連環計謀」，這樣的行銷方式其實就像一組可以無限擴展的網絡，只要每一個人都願意出去推廣，那麼公司的發展前景確實無可限量。

不怕沒機會，就怕你不肯行動

不要用慣性思維來評估市場的發展趨勢、不要被所謂的現實所囿限，才能多元地發展未來事業。

對每一個決定創業的人來說，只要肯行動，每個人都有無限的發展機會。

對每一個懷抱夢想的人來說，發展的重點並不在於機會的有無，而是他們有沒有行動的勇氣。

事實上，經商者也是如此。最重要的不是要如何組織機會，而是能否把握契機，積極前進。

法國商人博雷爾來到義大利參觀龐貝古城廢墟，當他一踏進古城的奴隸餐廳時，便忍不住驚嘆道：「這個自助餐廳眞是完美！」

在此同時，他的腦海中忽然閃過一個靈感：「這樣的經營方式感覺上十分符合現代人的生活。」

回到法國後，博雷爾決定讓這個餐館模式重現人間，雖然餐飲業並不是他熟悉的行業，不過，就在他全心全力地投入下，龐貝城奴隸餐廳很快地重現人間，更神奇的是，在博雷爾的帶動下，歐洲各國也跟著掀起了思古情懷。

博雷爾奴隸自助餐廳的分店很快地遍佈全國，而以這樣的自助餐模式經營的餐館更是高達八百餘個。

不久，博雷爾在一次訪問德國的機會中發現了「漢堡」，若有所思地問友人：「法國人會喜歡嗎？」

朋友回答說：「這是德國的飲食，法國人不會喜歡吧！」但是，博雷爾卻說：「怎麼會呢？英國人都吃漢堡了，法國人怎麼會不吃漢堡呢？」

後來博雷爾用業績證明了，法國人不僅吃漢堡，而且還吃得津津有味呢！

有一天，博雷爾又發現一件事：「汽車是歐洲人必備的交通工具。」

這個概念是指，交通工具一多，人們對於道路服務的需求量自然會增加，像是公路上的休息點也自然會增加。所以，沿著西歐公路的兩旁很快地便出現了博雷爾汽車快餐店。

從七〇年跨越到八〇年代初，投資眼光獨到的博雷爾，將旅館業也納入事業版圖，加總之後，博雷爾共有九百家餐廳和三十七家汽車旅館。

問題是，成功的事業並沒有爲他累積出好名聲，特別是他向各銀行借貸時，從不懂得謙卑行事，反而經常大聲斥喝著那些與他合作的銀行家們：「想借我之名做宣傳的銀行，請滾蛋！」

正因爲不懂隱藏銳氣，一九八六年底，博雷爾的成功光環忽然褪色，各家銀行擔心收不到錢，全都著急地抽走資金。

面對這個情況，博雷爾雖然滿心不服，卻也只能捲起鋪蓋回老家。

當時，記者來到他家採訪這個過往時，他只說：「沒錯，我發財的經過很多彩多姿，但是我的妻子從來沒換，一直都是原來的那一個。」

從採訪的結論中我們可以了解，博雷爾的企圖心仍在，雖然他的成功過程每一段都充滿驚險，但是說明了只要有心，再艱難的路都能成功走過。

充滿遠見與勇氣的博雷爾，雖然最終沒能有個完美的結束，但是這一段豐富的生活經歷卻是你我最佳的借鏡。我們從中學到了不要用慣性思維來評估市場的發展趨勢，不要被所謂的現實所限制，才能多元地發展未來事業。

始終如一的婚姻觀和豐富的從商經歷有什樣的關聯呢？

或許，博雷爾是想告訴我們：「無論你選擇哪一種生活方向，只要你的鬥志未失，在哪裡跌倒便能從哪裡跌起來。因為一個人的成功靠的不是他選擇了什麼樣的方向，而是他是否能堅強且信心滿滿地朝著選定的方向前進。」

面對未來要有遠見，更要有企圖心

經營者的眼光是否遠大，往往決定著該公司未來的發展前景，缺乏遠見與企圖心，再好的人才也要因為看不見未來而選擇離開。

無論是個人的人生，還是整體企業的發展，一旦缺乏發展企圖心與遠見，即使擁有再多的資源與實力，最終都成多餘。

在我們的身邊，擁有遠見與發展企圖心的經營者處處可見。從他們的身上，我們可以看見經營者的宏觀思考對公司發展來說有多重要。只要不受限於眼前的現實，多用智慧發展未來，企業自然能夠永續發展。

阿姆斯特朗軟木公司在建築界十分著名，因爲他們所生產的地板建材十分卓越，幾乎每一位設計師一提及到建材，都不會忘記阿姆斯特朗軟木公司。

該公司所生產的這款地板建材，並不需要在工地上一塊塊地辛苦舖裝，而是可以隨心所欲地變換造型，只要設計師想要什麼樣的地板，這個材料都能輕輕鬆鬆地塑形出來。

這個建材對許多人來說相當實用，特別是對那些具有創造慾望的人來說，「軟木地板」成了他們實現夢想的寄託。

正因如此，市場上對阿姆斯特朗軟木的需求量大增，幾乎所有人在挑選地板的材料時，阿姆斯特朗建材都成了他們的首要選擇。

第二次世界大戰後，「自己動手做木工」成了一種生活時尚，阿姆斯特朗軟木公司也因此而大發利市。

不過，市場的變化總是難以預料的，幾經變動，阿姆斯特朗的競爭對手開始出現了，他們獨特的優勢慢慢地被其他同行侵佔。

由於戰後的房屋建設已過巔峰，市場也因而開始縮小，阿姆斯特朗當然也發現了這個情況，特別是銷售成績呈現下滑，情況越來越嚴重的時候，他們也警覺到：「不行，我們得搶在市場變動前改變策略。」

面對著建築市場的衰退，各建材公司間的競爭越來越白熱化，而阿姆斯特朗這時也推出了因應對策。

第一步，他們先重新思考產品的定義：「我們雖然是專門生產地板建材的公司，但是，其他像是油氈、乙烯磚、地毯等地板用品也很重要，畢竟這些商品也是完成地板的重要材料。如果我們能讓業者在選購地板建材時，也能同時選購我們的其他建築材料，那麼舉凡從內到外，從上到下，所有相關於建築的產品我們也能販售，不是嗎？」

討論到這裡，阿姆斯特朗決定改變公司的角色，搖身一變成為世界最大的建材供應商。

因爲，從牆壁、天花板到地板等等，相關於室內裝潢所需的材料他們都有供應，甚至連壁紙他們也積極推出。

因爲供貨多元且產品豐富的經營策略，阿姆斯特朗公司再度站上建材供應商的龍頭，無論市場怎樣變動，都沒有人能撼動它的地位。

有好的想法 要有聰明的做法

從單一的軟木地板到相關的建材全部包辦，阿姆斯特朗軟木公司沒有侷限自己的發展，建材豐富且多元的發展策略下，從一點到全面的思考謀略，的確讓人看出它發展成爲大企業體的企圖心。

從開拓新產品到擴大市場範圍，企圖心是大多數成功企業主共通的特色。少了這份發展企圖心，阿姆斯特朗公司或許至今仍然是個只會生產軟木的小公司，甚至還有可能被後來搶佔的企業吞併。

經營者的眼光是否遠大，往往決定著該公司未來的發展前景，因爲不管員

工的才智如何，若是主政者缺乏遠見與企圖心，再好的人才也要因爲看不見未來遠景而選擇離開。

所以，我們從阿姆斯特朗的警覺中領悟到：「不要等到市場真正出現變動時才知道調整方向，所有事都一定會有預兆，特別是商場上的變動，只要能見微知著，無論市場怎麼變化，機會始終都能掌握在自己手中。」

每個人都能創造市場新趨勢

不斷地探求市場的需要，不斷地滿足市場的需求，是一個成功企業最該具備的基本經營態度。

對企業體來說，「產品」是一個企業的生命。因此在這個變化迅速的年代，想創造斐然成績，便得靠能與時變化的新產品，那些只會一成不變地生產同一產品的公司，最終都要被市場所淘汰。

市場始終都在經營者的手中，懂得跟隨時代的需要前進，知道創造出最能吸引消費者的新事物，即使後浪怎麼推，前浪都將再創新高，永不消失。

以生產尼龍、塑料等化工產品聞名的杜邦，至今仍然雄心勃勃地朝著其他領域發展。根據總公司所公佈的訊息，他們每年的銷售總額逾五百億美元，之所以能有這樣的成績，全因爲杜邦總裁獨到的眼光與悟性。

深諳變動需求的杜邦公司，在不斷地改進和提高尼龍、塑料等產品功能的同時，還不斷地開拓新的產品，以強化企業未來的發展性。

像航空工業如今已經成爲該公司發展目標之一，一些航空所需各種性能的零件等，都是他們生產的重點。他們還轉戰汽車工業，由於汽車身上的塑料約有二百磅，主要都是應用於車內裝飾、底盤、車身外殼和結構零件等，爲了應付未來汽車的需要，杜邦公司開發出了一種名爲維斯珀爾的超耐磨樹脂，充分應用於汽車空調系統的各種閥門。

此外，他們還開發出一種類似橡膠的塑料，足以承受高溫、振動，可作爲汽車發動機的支撐主力。

從航空材料到汽車材料，最近幾年杜邦公司也積極開發電子工業，其中他們是以發展新的電子材料爲主要方向，像是最近研發出來的塑基膠片，能用雷射設計電路板的複雜電路，據說這款產品若能大量生產，將成爲電子工業中的一項重要突破，且更有利於未來電子產業的發展。

他們也從工業環境轉戰到人們的一般生活用品之中。塑化纖維的發明是杜邦公司最得意的產品，一九八七年他們推出了斯坦麥斯特纖維，並用它製成一款不怕髒且容易清洗的地毯。

此外，另一款塞馬克斯纖維則是最佳的禦寒材料，他們將它應用到服飾上，變成了寒帶地區最保暖的衣料，是十分具有競爭力的產品。

如今，杜邦成了各大企業極力拉攏的合作伙伴，更是各國用來提升當地工業與經濟發展的最佳助力。

因爲積極著眼未來，所以杜邦知道要不斷地拓展、研發新產品，如此才能站穩未來的地位。從他們投入研究和開發的積極行動中，我們也明白了一個企業成形過程的不易與辛苦。

當然，辛苦付出必定會有代價，如此努力的企業當然會帶來無可限量的發展實力與機遇。不斷地探求市場的需要，不斷地滿足市場的需求，是一個成功企業最該具備的基本經營態度。

不斷地創造「從無到有」的杜邦，成功當然是全世界有目共睹，然而它的創意和努力不知道有多少人細心體悟其中道理？

「全心全力研究新事物的態度，不斷地創造新奇蹟的企圖」，這是杜邦在故事中與我們分享的成功要訣。雖然市場上的機會很多，可我們也別忘了，廣大的市場也得靠著人們的智慧才創造得出來。

所以，經營者眞正要尋找的，不是市場在哪裡，而是要期許自己：「這個新市場由我來創造！」

根據消費需要進行行銷

專業和體貼心意，是成功擄獲消費者的原因，而全心付出和努力打拼，則是成功打下市場的重要基石。

不同的人當然會有不同的喜好，就商品來說，並不是最暢銷熱門的東西就所有人都會喜愛，因此，懂得因應不同人的喜好來行銷推廣商品，經營者才能眞正地獨佔市場。

拿巧克力來說，有人喜歡巧克力包覆著杏仁果，但有人偏偏最討厭杏仁果的味道，於是聰明的巧克力商在發行產品時，便不忘多加一個添有葡萄乾的新口味，方能全面囊括這個巧克力市場。

有一陣子，人們發現了一個奇怪的現象：「爲什麼大本良雄的日伊商店，有百分之八十的顧客都是女人？」

更特別的不只如此，該店每天來來往往的顧客族群，似乎約好了出現時間似地，早上店裡清一色都是家庭主婦，到了下午五點半以後，門口進進出出的則全是上班族。

其實，這個現象全是大本良雄所造成的，因爲他發現到：「不同的人有不同的需要，換句話說，架上陳列的商品應該要有變化。」

於是，爲了吸引已婚和未婚的女性前來消費，他根據不同消費族群出現的時間來變換商品上架的時間，如此也才能充分迎合每一位消費者的需求。

所以，他想出了在早上時段放婦女需要的衣服、內衣、廚房用品、手工藝品和實用商品等等。

一過了五點半，這兒就會完全變成另外一個世界，到處都是充滿年輕活力的商品。像數十種顏色的襪子，或是上班女郎最喜愛的迷你裙和其他各種小飾品等等，總之只要一過五點半，這裡便會排列出屬於年輕女孩喜歡的款式和花樣，而且應有盡有。

雖然效果卓著，但是大本良雄並沒有因此鬆懈下來，反而更加積極展開市調，發現許多顧客在問卷上塡寫著：「買高級衣料我們會去百貨店找，至於襪子，當然要到日伊囉！」

了解了消費者的心理，大本良雄對自己的經營策略更加有信心了。爲了充分滿足消費者，他竭盡全力加強日伊商店裡的襪子款式，透過各種人脈，他不僅讓店裡的襪子價格低於同行，而且種類繁多，讓日伊襪子眞正地達到了「物美價廉」的目標。

這樣的經營策略十分成功，因爲兩個月後，該店的襪子銷售額立即攀升五倍以上。

從襪子的款式到店裡燈光的搭配，一切都要依照女性消費者的心理需要去

變化。大本良雄在分享他的成功經驗時這麼說：「我的成功原因其實不過是抓緊女性消費者的需要吧！再加上產品本身要能達到物美價廉的要求，然後配合不同消費族群不同的出現時間，自然而然能輕鬆掌握這個市場。」

有好的想法 要有聰明的做法

日本著名的零售商德州庫一郎曾說：「無論任何時代，最好做的生意就是做女人的生意。」

從大本良雄的成功經驗裡，我們也了解一個法則：「想靠女人創造財富，就得先了解女人心！」

聰明的大本良雄以時間來區分進門的消費族群，並以不同族群的出現時間來調整架上的商品。如此用心且細緻的經營管理方式，若不能成功，想必誰都會為他感到不服氣吧！

從大本良雄的經營中我們學到了不少技巧，蒐集陣列多款的襪子時，也讓我們了解到「專業」的重要。一雙襪子能有多少變化，見他陳列在架上花樣繁多的商品便可得知。

當大本良雄能找出這麼多款式的襪子時，只想靠著幾雙單調的白襪賺錢的商家應當有另一番省思。

專業和體貼心意，是成功擄獲消費者的原因，而全心付出和努力打拼，則是成功打下市場的重要基石。

給予實質鼓勵最能刺激員工的士氣

開門見山地告知結果利益，明確地指出最有利於雙方的利益分配，確實是經營管理策略上的絕佳辦法。

我們常見的行銷手段花樣百出，擬定行銷創意的人當中有主動出擊的能手，也有單刀直入的高手，無論是曲折迂迴或是以利誘刺激的爭戰過程，無非都是爲了成功地達到目標。

於是，怎樣才能刺激士氣，要求自己或是合作伙伴積極前進，就成了成功者的必修課。企業經營者若能給大家一個明確且具體的誘因，公司上下都會更拼命地創造業績。

這年秋天，有一群國中生前往北京的西郊登山，他們爬了快一個多小時之後，有不少人便開始喊累了。

「唉呀，我的腳好像綁了鉛塊似的，實在再也走不動了。」有個男學生這樣誇張地形容著。

「我們回去吧！真的好累啊！」另一個女同學提出建議說。

這時，帶隊的班長卻說：「不行，你們看，山頂就在那兒啊！就快到了，你們怎麼能輕易放棄呢！」

企圖提振士氣的班長大聲地鼓勵著大家。可是，這個方法似乎失靈了，就在這個時候，跟在他們身後的一名登山老者對他們說：「加油啊！山頂的風光真的很美，我保證這是你們今生從未見過的美景，只要再堅持十分鐘就可以到達了，繼續前進吧！」

聽到這句話，同學們似乎全打了一劑強心針，只見原本垂著頭休息的同學，全都抬起了頭並朝著山頂望去。

「好吧！我們繼續前進吧！」原本提議回家的女同學說。

有好的想法 要有聰明的做法

從這則簡單的故事中，你獲得了什麼樣的啓發？

當激勵是很抽象的，故事中的登山老者用「回饋」的方式來刺激同學們時，卻順利地達到刺激鬥志的目標。

由此可知，辛苦的付出若能得到實質回饋，對同學們來說最爲受用。當登山老者將「成功的果實」置入他們的心中後，也讓他們對目標有了更大的期待，於是爲了看見難得的美景，他們繼續前進的士氣當然非常高昂了。

相同的道理，無論我們坐在什麼樣的職位，在同一個經營團隊裡，用鼓舞的方式絕對比命令的方式更能讓人心服。

試想，今天若是有個主管對員工說句「趕快把事做完吧」，如果能將之換成「先把這項工作做完，下個工作可以慢慢做」，後者應該更能說服他們積極將手中工作完成吧！

其實，用利益進行刺激向來是最有效，也是最常見的推銷方法，開門見山地告知可能的結果，明確地指出最有利於雙方的利益分配，確實是經營管理策略上的絕佳辦法。

我們明白每個人都需要被鼓勵，沒有人不希望在辛苦付出後能得到回饋，因此，若能在要求努力完成任務的同時，給予實際的回饋承諾，相信沒有員工不會賣力工作，甚至再多吃一點苦也願意。

不怕沒有機會，只怕你看不見機會

機遇從來只鍾情於獨具慧眼的人，用心地觀察，認真地向前，最終機會自然會出現在我們的面前。

面對夢想，有人只做做白日夢便不了了之，有人卻能積極地向目標前進。讓我們試著想想，爲什麼有人一直找不到發展機會，又爲何有人卻能一路亨通，究其原因，其實不外乎「行動力」。

想創造財富的人更要明白這個道理，畢竟人之所以有別於萬物，全因爲思考帶來的企圖心和用智慧完成心中夢想的天賦能力。

這天，廖壽良鬥志高昂地和幾位同甘共苦過的好朋友一同到南方去，因爲他們準備到深圳「淘金」。這個發財夢的緣起，是廖壽良有一次到深圳探訪親友時，無意中發現的。

當時，正值發展高峰的深圳，整個城市裡到處都在修橋、鋪路與建造房屋，而這些建設全都離不開砂石。

當時，廖壽良心裡便想：「五華縣的採石技術全國一流，想發財，我何不朝這個方向發展？」

仔細評估之後，廖壽良開始投資砂石產業，問題是在這個陌生的地方，廖壽良既沒有資金又沒有朋友，如此陌生的環境，實在很難有個好的開始。

「怎麼辦？」廖壽良心想。

遇到了困難，廖壽良並不退卻，對自己說：「沒有資金又如何，我還有腦

袋啊！我絕不能輕易放棄，一定有辦法解決的。」

在一次偶然的機會中，他聽到一位朋友說：「深圳的電力嚴重不足，特別是在七、八月份的時候，幾乎每三天就得停電一次。」

「停電！停電意味著什麼呢？」

廖壽良反覆地思考著這個問題，終於讓他找到答案了：「每到七、八月就缺電，那也就是說所有的採石隊將因爲電力不足而無法正常供貨，缺電的時候不就是我的機會！」

於是，廖壽良籌了一筆錢買了一台柴油發電機，接著靜觀其變，等候機會。那年秋天，果然如他的朋友所說，幾十個採砂場因爲電力不足而紛紛被解約，畢竟沒有人能忍受無法確定交貨時間的供貨情況。至於廖壽良，則把握住這個良機，他的發電機在關鍵時刻全力發動，當地的採砂場幾乎全由他包攬下來，當其他砂石業者驚覺問題嚴重時，卻也爲時已晚。

當別人抱怨著停電所造成的不便時，有多少人能像故事主角一樣，看見了創造財富的機會呢？

機遇只會鍾情獨具慧眼的人，一如故事中的廖壽良，反觀現在等著發財的人，大都只想坐享其成，不肯動腦，只做白日夢，最終當然一事無成。

對敏銳觀察且用心把握機會的廖壽良來說，此類不切實際的事肯定不會發生在他的身上了。

試問，機會在哪裡？

用心地觀察，認眞地向前，最終機會自然會出現在我們的面前。經商之道千篇一律，「懂得發現並把握機會」一直是最關鍵的成功要素，一如故事中發現且耐心等候機會的廖壽良一般。

勇氣是創造奇蹟的關鍵

不要老是要等到市場出現變動，才知道修正自己的步伐，更不要老是等待別人測試過後，才有勇氣把新事物搬上台展現。

有勇氣，便會有堅決行動的魄力，當每個人在決定採取行動之後，心中難免會出現一些自我的阻力，企圖壓抑實踐的動力。

面對這個情況，你有多少次超越了自己？

想建立自信心，要先要求自己，拋開所有心理上的阻礙和束縛。告訴自己：「放手一搏吧！下定決心去做就對了，眼前若不立即採取行動，財富是不會出現在你面前的。」

楊勇是上海某家工廠的工人，在一個偶然的機會中發現了「瓜子」的美味，與此同時，他也發現了「瓜子」的商機。

於是，楊勇立即回到家鄉尋找願意合作的農家，一起找出了各式各樣的瓜子，並從中研究出哪一種瓜子最爲美味，最後選定了葵花子作爲主角。

由於葵花子的成本不高，經過一番策劃和計算之後，他發現扣除原料和加工費之後，每年居然能淨賺二萬多元人民幣呢！

這筆財富當然一定要落實，他立即買回了一個大炒鍋，接著又買回幾斤葵花子，經過多次的反覆試驗，終於炒出了脆而不焦、味道甘香的「瓜子」。

他把這個「瓜子」命名爲「龍橋瓜子」。產品推出的時間接近春節，「龍橋瓜子」需求量大增，這個味美又便宜的食品，頓時成了應節食品。當春節過去，楊勇結帳後發現，光是這個春節，賣出的瓜子居然高達二十噸。

這個春節讓「龍橋瓜子」聲名大噪，信心倍增的楊勇接下來更是馬不停蹄地研究新產品，希望能打鐵趁熱，讓各式美味的「龍橋瓜子」成爲消費者日常生活中不可或缺的食品。

靠「龍橋瓜子」這塊招牌站穩了腳跟之後，楊勇決定朝著更多元的食材前進。深謀遠慮的他，知道乾果的淡季是在夏天，因此在夏季來臨之前他積極的開發冷飲類產品。

跟著夏天的腳步到來，楊勇首創的果仁冰淇淋上市了，這個以葵花子、松仁、花生仁爲配料的冰淇淋深受孩子們的喜愛，經過這一番努力，楊勇的「龍橋」成爲上海極少數不受季節影響的食品工廠之一。

有好的想法 要有聰明的做法

勇敢嘗試機會的主角人物，在反覆試驗與實踐的行動中，我們看見的不只是他的成功，還有一份難得的行動勇氣與魄力，這讓我們可以大聲地說：「成功是他應得的！」

有明確的創新意識，更要有「敢爲天下先」的勇氣和魄力，如此才能突破創新，讓自己成爲商場上的佼佼者。就像「龍橋瓜子」的發明者一樣，從偶然發現的瓜子美味，到研發成市場上最暢銷的美味零嘴，若非有他，今天葵瓜子最大的作用說不定還是繼續當種籽而已。

不要老是要等到市場出現變動，才知道修正自己的步伐，更不要老是等待別人在市場上測試過後，才有勇氣把新事物搬上台展現。商場和戰場一樣，有勇有謀的人才有機會創造一番新天地，總是躲在別人身後，老是想依靠別人的人，恐怕機會來了也會讓它白白溜走。

除了創意，還得再加行動力

不要忽略生活中的每一件小事情，更要能勤於親自動手。因為那些能改寫人類文明歷史的人，從來都不怕辛苦付出。

多動腦，並讓自己的思考和推演能力發揮到極至，自然就能看見實踐夢想的目標和方法。

成功的經營者最需要的不僅僅是能力，還要有行動力。

當經營者展現出飽滿的活力時，與他共事的伙伴或員工必定會受到感染，並進一步產生共識，早日完成目標。

在河南，有一位喜歡動腦筋也喜歡動手的工人，因爲發現夜行時車燈亮度調節的問題，讓他有機會研發出一款安全與造型兼具的新款車燈。

那天他開著車回家時，發現兩車相會時，雙方的車燈都太過刺眼，以致於行車的視線忽然失準。

這個情況則啓發這個工人：「這樣太危險了，不知道有沒有什麼方法可以消除這樣的情況？我要怎樣處理才能減少反光呢？」

行動力一向積極的他，只花了不到一個星期的時間便找出了方法。

他先是在自己的車燈上試驗，車燈裡頭換裝了一個電筒式的設備，在這個裝置的前面，他設計了一個感光零件，只要感光器一感應到對面車燈會車的強光，燈光調節系統便會自動調節車子的光線，讓車上的燈光轉弱。

只要雙方車子都安裝上了這樣的裝置，那麼相會的車子便會同時減弱車燈

亮度，讓駕駛能安全地相會通過。

更方便的是，當車子一通過後，只要感光器不再感應到強光，車燈便會回復到夜行燈的光線，以利駕駛行車的安全。

實驗一成功，工人立即將感光裝置推出，看來平常的配件，經許多駕駛試用後大受好評，因爲這對那些經常得夜間開車的駕駛來說十分重要。特別是對經常得夜間工作的工人來說，這個車燈上配有這樣的設備，將更有利於他們的運輸進度。

因此，在一場出口工業博覽會上，這項產品一推出，這名工人便獲得了二千萬的訂單。

有好的想法 要有聰明的做法

世界如此之大，實現夢想的方法也很多，問題是，如果你不夠細心，更不懂得從沙礫中挖出金子來，那麼再多的訣竅對你來說都不過是些沒有功用的沙。

夢想成爲開創者的人，就不能忽略生活中的每一件小事情，更要能勤於親自動手。因爲那些能改寫人類文明歷史的人，從來都不怕辛苦付出，他們大都靠著自己的雙手來完成的每一項創造發明，絕不假手他人。

有付出便能看見收穫，當河南工人細心地發現燈光太強會造成行車危險的同時，並沒有一味地抱怨燈具的缺失，而是想盡辦法改變這一切，或者，這樣的精神正是他想傳達給我們的實踐動力。

把人才放在正確的位置

想成為一個卓越的領導人物確實不易，知人善任的眼光與借力使力的智慧缺一不可。

想成爲一個成功的管理人，便得有絕佳的識才能力。

一家管理成功的企業，其中最重要的往往不是因爲管理階層的實力，而是能否把人才擺放在對的位置上。這正是商戰謀略上的「借」字，借才借得巧，這些人才就會成爲我們實現目標最大的助力。

你必須具備的智慧

臨危受命接下染織工廠的陸明，面對淒涼空蕩的廠房和負債累累的公司，不禁不斷地嘆氣。因爲，對於接下這個設備不全且破舊不堪的工廠，陸明其實並沒有多大的信心。

但是，當他出現在工人的面前時，仍然展現出他的魄力，語氣堅定地說：「雖然我們的工廠如同船艙出現了破洞，讓運載的酒不斷地滲漏，但是，只要我們的頭腦是清醒的，能同心協力將這些破洞補好，那麼，這艘船必定能抵達成功的港口。」

這個簡短有力的勉勵，不僅鼓勵了陸明自己，更鼓舞了許多士氣低迷的工人。不久之後，工廠裡的氣氛因此起了一些轉變。

這個轉變是正面的，因爲許多工人心中正清楚地響起這樣一個聲音：「是的，我們現在就想開始行動！」

工人們的士氣已經提升，接下來，陸明也得開始行動，只見他四處奔波，首先與蘇州染廠洽談，向廠長借來了一整套的染織設備，另一方面又向銀行借貸一筆錢周轉。

一切都準備好了，工人們見到他的努力，情緒也開始沸騰。

生產線開始運作了，陸明也找到了機智過人的施坤來幫忙他管理行銷。

不過，關於這個求才過程卻有段插曲。

據說，施坤原本就是這間染織廠的工人，但是因爲他處事太過散漫，後來還因爲賭博被請離工廠，因此，許多人對於他這個不良紀錄相當在意，所以當陸明決定請他來推銷業務時，不少人都提出了反對意見。

「有錯就罰，但是我們卻不能因爲過往的缺失而否定他的才能。」陸明語氣堅定地對反對者說。

施坤得知廠長如此肯定自己，感動地說：「放心，我一定不會辜負您。」

重回工作崗位後，施坤整個人像似重新脫胎換骨一般，每個人一看見他都忍不住要問：「你眞的是那個施坤嗎？」

那天，當陸明還在苦惱如何與山東等地的廠商洽談業務時，突然收到了兩份電報，其中一封寫著：「上海外貿港口八百萬元的合約已簽定。」

另一封電報上面則是寫著：「山東廠獨家生產的混紡布一百萬公尺，請立

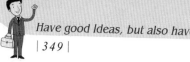

即安排生產。」

陸明一看，驚呼道：「成功了！」

原來，這兩份電報的都是施坤發的，爲了讓伯樂不失望，在合約簽訂後的第一時間，他便立即發出消息。

陸明看完了電報，開心地問：「施坤在哪兒？你快點與他聯絡！」

沒想到秘書打完電話後卻回報：「施坤正在山東，因爲在談完業務後他就被送進醫院了，據說他是帶著高燒前往洽談。」

陸明一聽，眼眶中湧滿了淚水：「我眞的沒有看錯人！」

就這樣，工廠接連開發了許多意想不到的生意，當陸明擔任廠長的第二年，這間工廠的年產值已達二千七百萬元人民幣，輸出國外的盈餘更是從零爆增至六百多萬元人民幣。

這個瀕臨絕境的工廠能再度重生，全賴經營者識人用人的智慧。從展現突破決心的氣勢到發揮伯樂識才的睿智，我們也看見了陸明天賦異稟的領導特質，更看見了他面對困難的勇氣與鬥志，這些都是他能成功扭轉染織廠局勢的主因。

創業不易，如果像陸明一樣面臨著的不只是創業的問題，還包括得清理前人留下的爛攤子，其中得付出的辛苦更是外人無法體會的。想成爲一個卓越的領導人物確實不易，知人善任的眼光與借力使力的智慧缺一不可。

心態決定你的未來

Mentality determines your future

全集

江映雪 編著

美國作家海明威說：

有一天，當你發現自己的境遇都是自己造成的，
而非源於意外、時間或命運，那是多麼悲哀的事。

確實，一個人現在面對人事物的心態，
將會決定自己的未來究竟是什麼模樣。

相對的，只要願意從現在起做一些改變，
人生也會隨著出現微妙的變化。

不同的心態，造就了不同的未來，想改變自己的未來，
就必須從改變現在的心態做起。

很多時候，只要你願意改變自己的心態，
就可以如願以償地改變自己的未來，
擁有截然不同的人生。

有好的想法，也要有聰明的做法

作　　者　宋時雨
社　　長　陳維都
藝術總監　黃聖文
編輯總監　王　凌
出 版 者　普天出版社
新北市汐止區康寧街 169 巷 25 號 6 樓
TEL / (02) 26921935（代表號）
FAX / (02) 26959332
E-mail：popular.press@msa.hinet.net
http://www.popu.com.tw/
郵政劃撥 19091443 陳維都帳戶
總 經 銷　旭昇圖書有限公司
新北市中和區中山路二段 352 號 2F
TEL / (02) 22451480（代表號）
FAX / (02) 22451479
E-mail：s1686688@ms31.hinet.net
法律顧問　西華律師事務所・黃憲男律師
電腦排版　巨新電腦排版有限公司
印製裝訂　久裕印刷事業有限公司
出 版 日　2018（民 107）年 11 月第 1 版
ISBN◉978-986-389-557-2　　條碼 9789863895572

新生活大師

40

國家圖書館出版品預行編目資料

有好的想法，也要有聰明的做法／
宋時雨著.—第 1 版.—：新北市，普天
民 107.11 面；公分.－（新生活大師；40）
ISBN◉978-986-389-557-2（平裝）